萨尔加多传

图书在版编目（CIP）数据

萨尔加多传 / (巴西) 塞巴斯蒂昂· 萨尔加多 (Sebastião Salgado) 著 ; 赵迎新译 . -- 北京 : 中国摄影出版社, 2018.5

ISBN 978-7-5179-0750-3

Ⅰ. ①萨… Ⅱ. ①塞… ②赵… Ⅲ. ①萨尔加多一传记②摄影集一巴西一现代 Ⅳ. ① K837.775.72 ② J431

中国版本图书馆 CIP 数据核字 (2018) 第 103583 号

北京市版权局著作权合同登记章图字：01-2015-2705 号

萨尔加多传

作　　者：[巴西] 塞巴斯蒂昂·萨尔加多
译　　者：赵迎新
出 品 人：高　扬
策划编辑：黎旭欢
责任编辑：宋　蕊
装帧设计：胡佳南
出　　版：中国摄影出版社
　　　　　地址：北京市东城区东四十二条 48 号　邮编：100007
　　　　　发行部：010-65136125　65280977
　　　　　网址：www.cpph.com
　　　　　邮箱：distribution@cpph.com
印　　刷：北京科信印刷有限公司
开　　本：16 开
印　　张：11.5
版　　次：2018 年 11 月第 1 版
印　　次：2021 年 3 月第 2 次印刷
ISBN　978-7-5179-0750-3
定　　价：89.00 元

萨尔加多传

大世界，小世界

[巴西] 塞巴斯蒂昂·萨尔加多　著
赵迎新　译

中国摄影出版社
China Photographic Publishing House

目　录

序　言

欣赏塞巴斯蒂昂·萨尔加多（Sebastião Salgado）的作品堪称一次“人类尊严之旅”，他的作品让我们懂得了作为女人、男人和儿童的真正意义。萨尔加多不容置疑地赋予了他的拍摄对象更深的爱。不然，我们怎么会感觉得到那些照片中的人或物如此亲近、鲜活和可信？我们如何解释那种博爱之感？很长一段时间，我发现他的作品深入人心。我喜爱他那种绚丽的影像，喜爱他的影像中超凡的光线，影像中传播出的一种力量，以及影像中散发的温柔。这所有的一切，使我感到身心愉悦。

生活中的巧合让我结识了萨尔加多和他的妻子莱利娅（Lélia），我为他们夫妇着迷。因为在萨尔加多的国际声誉背后，隐藏着这对少见的夫妇的成功故事。这是一个关于爱和努力工作的故事，他们两人在故事中都有自己的角色、自己的天地，并且他们确切地知道彼此间相互的亏欠。他们一起组建了家庭，成立了自己的图片社——亚马逊影像（Amazonas Images），他们还创建了一个名为“地球研究所”（Instituto

Terra）的环保项目，将他们主要工作和作品的收入，用于种植巴西大西洋海岸线上的森林。

我意识到，当萨尔加多的作品在全世界展示的时候，很少有人知道他的故事，以及他的摄影承载的政治、道德观念和存在主义的根源。因此我想弥补这一切，通过一名记者的笔，给萨尔加多一个声音。他在“创世纪”（Genesis）项目（一系列致力于地球上的保护区的报道）发布会前欣然同意我的提议。于是，在一个行程接着一个行程、一个报道连着另一个报道之间，在同时准备他两本图书的出版和在全世界巡展的繁忙日程之间，他抽出时间任由我指挥，以简洁的方式向我袒露心扉，追溯了他的人生历程，而没有半点怨言。听他的故事是一种极大的享受，你在本书中可以感受到他作为故事大师的讲述技巧。他是一个真实的人——他可以将行动主义和职业精神、智慧和宽厚融为一体。

伊莎贝尔·弗朗柯（Isabelle Francq）

初始：创世纪

如果你不喜欢等待，就不能成为一名摄影师。2004 年，我来到加拉帕戈斯群岛（Galápagos）的伊莎贝拉岛（Isabela），在壮观的阿尔塞多（Alcedo）火山旁边，我发现一只在陆地上生活的巨型乌龟，这只庞大的动物至少有 200 千克重。加拉帕戈斯群岛因盛产巨龟而被人们称为“巨龟之岛”。开始的时候，我每次接近这只庞然大物，它总是爬开，虽然爬得不快，但令我无法拍摄。

于是，我开始思量并对自己说：“当我拍摄人的时候，我从不隐姓埋名，总是先有人将我介绍给大家，然后我再介绍自己。我向大家解释，同大家交谈，渐渐地，我们彼此就认识了。”我意识到，现在和以前的那些情况是一样的，所以只有一种方法可以让我拍摄到这只巨龟，那就是去了解它，跟它一样地去爬行。我开始模仿它的动作，俯身并开始用手和膝盖趴在地上向前爬行。从那时起，巨龟不再逃走。

当巨龟静止在那的一瞬间，我立刻向后退了一步。巨龟向我爬过来。我再次向后退了一步。我等待了一会儿，渐渐地，我开始慢慢地一步步接近巨龟，巨龟又面对我向前爬了一步，我又向后退了一步，巨龟又一次向我爬来，很平静地看着我。这时，我

对页：伊莎贝拉岛上的巨龟。厄瓜多尔，加拉帕戈斯群岛，2004 年。

可以开始拍摄了。接近这只巨龟花了我一天的时间。整整一天的时间，我让巨龟明白了——我尊重它的领土。

我曾发表过很多摄影报道，这些报道叙述着我们的时代和我们周围不断变化的世界。每一个报道我都要花费几年的时间去完成。人们总是说摄影家是影像的猎人，的确是这样。我们就像猎人，要花费很多时间进行观察，等待动物从巢穴中出现。摄影与捕猎一样：你一定要有耐心，并等待事情的发生。因为总有些不可避免的事情会发生，所以，你必须学会享受耐心，享受等待。

在拍摄“创世纪”这个项目之前，我只拍摄过一类物种，那就是人类。8 年间，我环游世界，努力完成这个致力于保护环境的项目，期间我学会了和其他物种一起工作。在我第一天的拍摄中，巨龟让我懂得了一个道理，如果你想拍摄动物，你就必须去爱它，体会那种观察它的美和形态的喜悦；你必须尊重它，你所看待和拍摄它的方法非常重要。你需要慢慢地接触它，保护它的空间，使它生活安宁。有了这方面的常识，我开始与其他物种打交道，就像与我们人类相处一样。

开始“创世纪”这个报道项目前，我曾读过《贝格尔号航行日志》[1]（*The Voyage of the Beagle*），我想追随达尔文的脚步。我花了 3 个月的时间待在加拉帕戈斯群岛——达尔文在完成环球旅行后，在那里完成了他的进化论学说。加拉帕戈斯群岛包括 48

1.《贝格尔号航行日志》出版于 1839 年，是查尔斯·达尔文的成名之作。

座岛屿和一些岩石礁——如同地球上的各种地貌汇集于此，仿佛整个星球的地貌组合。生活在那里的一些物种源于约 1,000 千米之外的南美大陆，如乌龟。它们随同被暴风雨连根拔起的树干一起漂流并抵达这里。这里总共有 11 种不同类别的乌龟，只有在加拉帕戈斯群岛才能看到。不同岛屿上的乌龟有不同种类的进化。有些地方的乌龟龟壳是完全平坦的，这可能是它们在巨大的压力下生活了上百年的缘故。在另一些地方，它们的龟壳是圆拱状的。我看到有些乌龟伸出的颈部只有 20 厘米长，而另一些乌龟的颈部则能达到 1 米长，这些乌龟可能为了在这种干旱的岛上生存而不得不伸长脖子去吃各种高度的叶子，所以才进化出了如此之长的脖子。然而，它们其实都是属于同一物种的成员。

与达尔文一样，我也看到了鬣蜥。生活在南美洲的鬣蜥是一种陆地动物，但加拉帕戈斯群岛的鬣蜥却会游泳和潜水。达尔文明白它们是为干旱的环境所迫而习得游泳的。它们是冷血动物，如果在低温下待的时间过长，就会被冻死。很多鬣蜥到达加拉帕戈斯群岛后没有生存下来的原因，是它们为了喝水而下海，继而被淹死。之后，它们学会了喝水后及时上岸，在太阳下使自己变暖。它们还学会了喝海水——其鼻子上面生长出一个小型“过滤器”，可以把海水中的盐过滤掉。就像达尔文一样，我观察着所有的这一切——确信我和达尔文遇到的是同一群乌龟，它们是真正的“权威”，因为这些生物至少已生存了 200 年之久。

这次旅行的启发使我在整个“创世纪”项目中受益。我发现，我们的整个生活被一个谎言所欺骗，我们往往声称自己是唯一合理生存的物种，但其实每一个物种都有他们自己存在的合理性，问题是如何去理解，这需要一定的时间。除了乌龟，加拉帕戈斯群岛上的动物从没有被人类捕猎的经历，所以，它们没有理由害怕人。而这里的乌龟则从来没有忘记过，在 18、19 世纪，它们被停靠在这里的、去发现新大陆或返回欧洲的航船上的船员捕杀的遭遇。乌龟具备几个月没有食物和水也能生存的能力。因此，船员们可以把它们活着储存，以便在航行中保证随时吃到新鲜的龟肉。这就是为什么到现在，乌龟仍很难接近的原因。花费一整天的时间接近一只乌龟并不是一种巧合，乌龟也不会无缘无故地企图逃离，它们的小心谨慎是有意识的。这种意识一代又一代地通过基因传下来，针对捕食者，它们会向自身发出危险警告。对于巨龟来说，捕食者只有人类。猎鹰和其他猛禽可能对幼龟造成威胁，但对于成年的巨龟并不存在危险。

北部的塘鹅以它们自己的方式证明其行为比我们通常情况下所想象的更为敏锐，因为它们不只是靠本能。有一天，我们在候鸟交配季节到达伊莎贝拉岛的维森特罗卡观察点（Vicente Roca Point）。那段经历太令人惊奇了！我在岛上待了两三天，观察这些候鸟。它们求偶时，是由雌鸟来选择雄鸟的。当时有四五只雄鸟向一只雌鸟飞来，然后雄鸟一只一只地展示自己——张开双翅，为雌鸟起舞。当雌鸟选择了其中一只雄鸟后，两只鸟就会一起飞翔，10—15 分钟后才着陆。之后另一只雄鸟到达，展示自己，雌鸟再和另一只求偶的雄鸟飞行一段时间。就这样，四五只雄鸟轮流求爱。如此，求偶竞赛持续几个小时，最终雌鸟从中选择它的“爱人”，并与其生育下一代。

黑眉信天翁的领地。南乔治亚岛（South Georgia），2009 年。

对于信天翁而言，求偶的季节是不同的。当我到达的时候，雏鸟已经开始学着第一次飞行了。它们是一群美丽的小鸟，飞翔水平很高，但起飞、着陆技术很差。小信天翁们需要一条跑道，它们在跑道上奋力地跑啊跑，然后才有可能飞起来……但有时也会起飞失败，真是太有趣了！令我更加惊奇的是，我发现了信天翁忠贞不贰的品格。它们在找到配偶之后，将一生守候。我是如何发现的呢？有一天，我看到一只雄性信天翁在一只雌性信天翁前起舞，它展开翅膀不停地旋转。然后雌鸟和它一起旋转，并彼此扑打翅膀，它们相互“亲吻”，但就在这时，雄性信天翁突然飞走了。我的向导解释说：“它刚刚发现自己搞错了，那个不是它的伴侣。”如此情景，简直就是令人难以置信的先验，这是一个人花时间去观察动物的时候所体会到的先验。这就是我在加拉帕戈斯群岛开始“创世纪”拍摄项目中所发现的，并且在整个拍摄报道中一直没有停止过这种发现。所以，不论是谁告诉我动物是没有头脑和逻辑的畜生，我都不信。

我没有像动物学家或新闻记者那样做这个报道，我以自己创造的方式去发现这个星球，并从中获得了巨大的喜悦。我们的星球拥有丰富的矿产、植物和动物资源，它以各种形式展现着活力。我意识到我们必须对自然给予巨大的尊重。

“创世纪”项目是在巴西一个环保项目的基础上诞生的。这个环保项目的名字叫“地球研究所”，是我与我的妻子、同事兼合作伙伴莱利娅·德鲁伊斯·瓦尼克·萨尔加多（Lélia Deluiz Wanick Salgado）一起创建的，项目的目标是重新恢复马塔亚特兰迪卡森林[2]（mata atlântica），即大西洋森林。这片森林的毁坏从 1500 年葡萄牙人进入巴西就开始了。在过去几十年里，伴随着国家的现代化进程，农业集约化、城镇化和工业化加速了森林砍伐的速度。目前，这里只有 7% 的原始森林幸存。20 世纪 90 年代，我们从父母那里继承下来这片土地，这片我童年时代生活过的、曾经是伊甸园般美丽的土地，现在已经满目疮痍，森林被砍伐，林地荒芜，生态破坏严重。我们要着手使这片土地重新恢复它本来的生态系统。

2. 在巴西有两种形态的森林：受海洋影响的大西洋森林和位于赤道的亚马逊雨林。

位于里奥内格罗（Rio Negro）的阿纳维利亚纳斯（Anavilhanas）群岛由 350 座被茂密森林覆盖的岛屿组成。巴西，亚马逊州，2009 年。

我的家乡

1944年，我出生于米纳斯吉拉斯州（Minas Gerais）淡水河谷镇（Rio Doce）空旷辽阔峡谷中的一个农场，小镇的名字来源于流经这里的淡水河。峡谷面积有整个葡萄牙大小，以出产金矿、铁矿而著名。在我的童年时代，峡谷的一半都被大西洋森林覆盖，但是就像世界其他地方一样，随着巴西进入市场经济，森林开始被砍伐和毁坏。

我父亲的农场很大，自给自足，有30多个家庭生活在那里。我们种植大米、玉米、西红柿、土豆、甜薯和水果，生产一点点牛奶。我们还养猪和牛，农场运转得很好。我父亲是农场的拥有者。他有雇员，但那些雇员也拥有自己的牲畜，并以耕种一些土地为生。他们会把生产出来的一部分产品交给我的父亲，其余的留给自己。那时候没有人很富或很穷。从葡萄牙人进入巴西后，这样的农场就一直存在着。

我对这片土地有着美好的童年记忆。我玩耍的地方是如此之大，到处都是水。我在河里游泳，那里到处是凯门鳄，这些鳄鱼与人们印象中凶狠可怕的鳄鱼相反，它们并不攻击人类。我还有一匹马，每天早晨我都骑着它出去玩，直到晚上才回来。那里是丘陵地带，我常常骑马驰骋到农场边界最高的山丘上，从那里，我可以俯瞰整个山谷，幻想着能够看到更远的地方，想象在地平线的后面是怎样的世界。由巴西淡水河谷公司（Vale do Rio Doce company）运营的铁路把我们和巴西的其他地方连接起来。在雨季，有时候由于山体滑坡，我们要在那里过一个月与世隔绝的生活，但我们可以自给自足，什么都不缺。我的童年给我留下了一段美好的时光，让我至今对这片土地充满了无尽的爱。

我所做的每个摄影项目看起来都是雄心勃勃的，它们都是需要持续几年、穿越地球不同地方的宏大工程。有人说萨尔加多是个自大狂，但是我出生在拥有 8,511,965 平方公里土地的巴西，有 15 个法国那么大，我习惯于巨大的空间，习惯于旅行，习惯于今晚睡在一个地方，明晚睡在另一个地方。当我还很小的时候，父母就让我独自一个人去看望我远嫁的姐姐。要知道，这整个行程相当于从巴黎到莫斯科或到里斯本的路途。那个年代，交通没有现在这么方便，有些路还需要徒步，所以我很小就学会了旅行的本领。这比不过我父亲当年的长途跋涉：在几个同伴的陪同下，他经常花 45 天的时间，穿过农场、森林和小溪，把牲畜徒步从农场运到屠宰场。

我的父亲和几个同伴一起，通常用一根小棍子赶着 500 或 600 头猪，步行 50 天，这期间，他们有的是时间交谈，欣赏风景，这种慢生活也是摄影的一部分。今天，虽然飞机、火车、汽车可以很快地把我们从地球的一端带到另一端，但当你拍摄时，是需要时间的。你需要接受人类和动物本能的生活节奏。尽管我们的世界现在高速发展，但生活的意义并不在此。你要拍摄这个世界，就需要尊重生活。

有一两次，我跟随大规模迁移旅行。我骑着马，前面是成千上万的牲畜。那时候并没有所谓的路，我们每走 20 千米便在“驿站”停下来休息一次，因为牲畜们也走不动了。每天早晨，四五头骡子驮着餐具和晚上用来挂在树枝上搭建起临时厨房的帆布单，先于我们出发，继续旅途。晚餐很简单，奶酪和一些蛋糕——我母亲知道怎样提前准备好奶酪。我们凌晨 4 点醒来，吃一种豆子和咸肉制成的名叫“feijáo tropeiro”的传统巴西菜肴，这是我们一天的主餐。接下来的一天旅途中，我们只能找些香蕉和橙子充饥。

我的家乡是那么的美丽，山峦不算高，但非常雄伟。如果上苍真的创造了世界，那它一定就是在这里完成的巨作。这片土地是如此美丽，与我到过的世界其他地方又是那么的不同和独特。

在这里，我学会了去观察和喜爱那些大自然中不同的光线变化，这些光线一直伴随着我的生活。在雨季，当大自然正在酝酿一场暴风雨的时候，天空布满了厚厚的云层。我出生的那天，天空中浓云密布，光线穿透厚重的云层照射下来。这些光线后来也进入了我的影像。实际上，这些画面在我拍摄之前，已经出现在我的脑海里了。我是被呵护着长大的，小的时候，为保护我的皮肤，我经常被迫戴上帽子，或坐在树荫下，那时候没有现在的防晒用品。我总是看到我的父亲从阳光中慈爱地向我走来。这片光

巴西，1983 年。

芒，这片宽广的土地就是我的历史。我就是这片土地、这些旅行和变幻的光线的作品，它们造就了我。我现在生活在法国，当我从法国去美国或中国的时候，我总觉得路程还没有小时候从农场去屠宰场那么远。

15 岁时，我离开了那个在农场附近的只有 1,2000 人口的艾莫雷斯（Aimorés）小镇——我上小学的地方。我来到了位于圣埃斯皮里图州（Espírito Santo）的维多利亚（Vitória）上中学。在那里，我发现了另一个世界。比如，在我的家乡我从没有见过电话——我们那里只听短波收音机，当然在雨季，收音机会受到影响，无法收听，也就无法持续地跟踪新闻。

我属于第一代离开乡下去城里读书的人。在成为一个农民之前，我父亲曾是一名药剂师，但他从没有接受过任何课程的培训。20 世纪 30 年代初，他曾参加一场革命。他的政治派系失利后，他和我母亲在米纳斯吉拉斯州开始了新的生活，在收购农场之前，他最初买了十几头骡子，开始做自己的运输业务——主要是咖啡运输。他用骡子驮着装满咖啡的麻袋，自己徒步跟着走 12 天，穿过森林，从农场到艾莫雷斯火车站。就像他的父亲、我的祖父——一个批发商和冒险家一样，他喜欢旅行和发现新地方。我的祖父死于一个远离家乡的疟疾肆意的地区，那个时候，从那里到我的家乡要走两三个月的路程。家人得知他死亡的消息已经是两三年后了。但像我这一代来自内陆的巴西人，每个人都有类似的故事。

在维多利亚，我与同龄的五六个男孩一起居住。我们每月轮流负责管理开支和预算。因此，在我小的时候，我学会了一点关于管理财务的本领。尽管那时我父亲拥有一个大农场，但我还得打零工来补贴，因为，父亲农场的生产投资很大，他没有很多现钱。我在法语联盟（Alliance française）秘书处的会计部门打工，不得不与数字打交道。我父亲指望我成为像他一样的农场主，或者成为一名律师。我中学毕业后就读了法律系，但我只喜欢关于历史的课程，对其他课程一点兴趣也没有。

那个时候，国家的经济发生了变化。20 世纪 50 年代开始，巴西出现了第一家汽车制造厂。1956—1961 年，担任巴西总统的儒塞利诺·库比契克（Juscelino Kubitschek）可以说是巴西历史上最具活力的国家发展支持者。他在 1960 年 4 月 21 日创建了巴西利亚，巴西从四百年的沉睡中觉醒，我们有一种生活在一个崭新国家的感觉。像其他的年轻人一样，我希望成为变革的一部分。法律对于我似乎太传统，在我看来，经济学似乎代表了一切最现代的事物。在那段时间，巴西东北部开发管理局（SUDENE）和拉丁美洲自由贸易协会（ALALC）建立并成立了经济学院。我想成为一名经济学家：我渴望踏上这现代的冒险之路。

20 岁的我在法语联盟实习的时候，爱上了莱利娅，那时她 17 岁，中学五年级。莱利娅出生在维多利亚，她在音乐学院学了 10 年钢琴。在她 17 岁那年，她开始做一名小学老师，给学生上钢琴课。她棒极了。我们的婚姻已经超过 45 年了，到现在，我仍然觉得她和那时候一样美丽。自从我们相遇，我们就一起分享一切。当我们还是孩子的时候，我们就曾一起探求政治问题。

我所追随的团体密切关注着这个国家的局势发展。我们看着人们离开农村向城镇转移。工业需要劳工，有的整个家庭都离开了故土。我们目睹社会不平等现象的出现。在那之前，我一直没有意识到，原来我来自一个游离于市场经济之外的世界，那里没有富人也没有穷人。在我父亲的农场里，每个人都拥有房子、食物、衣服和养活家人的能力。工业体系的建立，使得来自农村的人们在城市发现了一种完全不同的生活，大多数人陷入贫困。我开始频繁地接触“左翼”政党的活跃分子，共产党当时非常活跃，其中有一些活跃分子组织了社团，如天主教青年学生会（the Catholic Student Youth）。那些“左翼”基督教机构发起的政党更为激进，像我加入的大众行动组织（Ação Popular），这个组织信奉古巴的革命理想，并打算开展武装斗争。

我上大学时学习的经济学与今天非常不同：现在更多地专注商业经济学，但在当时，这只是我们课程的一部分，我们还学政治经济学、宏观经济学、公共财务学。我对宏观会计学真的非常感兴趣。我想要做长期研究项目，在我建立的一个经济模型中，如果控制某些变量，就有可能给经济趋势一个真正的动力。我对大规模储蓄的想法也十分感兴趣，于是想继续在圣保罗大学完成我的硕士学位。那时这个学位刚刚设立，在巴西，它是独一无二的，仅有 25 个名额。我很幸运地被录取，并获得了奖学金。我在 1967 年 12 月 15 日获得了我的第一个学位。16 日，我和莱利娅结婚，然后立即返回了圣保罗，以便于来年 1 月继续我的硕士学位。那年我 23 岁，莱利娅 21 岁。

当时的授课者中，有些是美国大学的教授，还有当时的巴西财政部部长、巴西中央银行行长，他们也亲自来给我们上课。当然，他们的目的是要培养一批中层经理人员，可以胜任国家经济发展的需要，我很荣幸地成为其中的一员。

1964 年 3 月 31 日，陆军元帅卡斯特洛·布兰科（Castelo Branco）发动军事政变推翻总统若昂·古拉特（João Goulart）领导的政权，其结局是第二共和国诞生。卡斯特洛的军事政权一直持续到 1985 年内维斯当选为总统时。发生在古巴导弹危机几年后的那场巴西军事政变引起了巨大的民众抗议行动，反对独裁政府和侵犯人权的行为，还有一个强大的反对派运动，抗议美国通过中央情报局以维护秩序为由干涉拉丁美洲事务。在这种环境中，我和莱利娅的态度变得更加激进，我们参加各种抗议活动，决心和我们的同志们一起捍卫理想。这十分危险，我们的组织觉得像我们这样的年轻成员应该离开巴西，在国外重新组织起来，继续革命事业，而那些年纪稍大的同志们则在国内隐蔽起来。

1969 年夏，在我们出发前的五六个月，莱利娅的母亲因患癌症去世，她的父亲在一场大火中丧生。短短两个月，生活发生了戏剧性的巨大转变。莱利娅年仅 21 岁就成了孤儿。8 月，我们离开了自己的国家。登船时，我们知道，如果被发现，我们就会被送进监狱。我记得，在我们离开了最后的关口，船终于离开巴西海岸并驶向法国的时候，我们才松了一口气。

墨西哥，1980 年。

在法国

对莱利娅和我来说，在法国是一段美妙的经历。大多数法国人不知道巴西人对法国的喜爱。19 世纪结束时，巴西大多知识分子都去过法国，就连巴西的第一部宪法也是受到法兰西共和国宪法的启发而制定的。每个人口超过 10 万居民的巴西城市都设有法语联盟的分支机构，由法国人担任负责人。在巴西的中学里，学生们先同时学习法语和拉丁语，两年后才开始学习英语。在维多利亚，正如前面所说，我担任了法语联盟的主管朱朱（Juju）和皮埃尔·梅里古（Pierre Merigoux）的秘书，他们成为我终生的朋友。朱朱来自米纳斯吉拉斯州茹伊斯—迪福拉（Juiz de Fora），皮埃尔来自利摩日（Limoges）。那时，巴黎地图就铺展在我写字台的玻璃板下。所以刚来到法国，我就知道怎样到达拉斯拜尔大道（Boulevard Raspail）、里沃利大街（Rue de Rivoli）和巴士底广场（Place de la Bastille）。也是在巴西的法语联盟，我认识了我的妻子莱利娅，那时她的法语口语和写作都已经相当出色。

对于我们来说，法国显然是最佳选择：它是民主和人权的家园，它介于美国和共产主义国家之间。我们崇尚主要支持“左派”的共产主义。至于美国人，我们对他们的信任是根本不存在的：

我们认为他们是压迫我们的根源。他们从未形成任何大众或民主性质的联盟。他们总是支持强权，崇尚武器。法国是我们理想的民主国家，同时也是经济发达的国家——当时法国拥有一些优秀的经济学家。在法国，我是在国立统计与经济管理学校（ENSAE）做经济学研究。

我们在 1969 年 8 月抵达巴黎，一切都看起来那么美妙：和我曾经生活的巴西相比，这里的季节与巴西截然相反——这个月份的巴黎拥有“无尽”的白天，清晨早早就开始了。然后是秋天，白天拥有光线的时间开始逐渐减少。但到了 12 月，莱利娅和我开始进入沮丧的边缘。我们特别想家，我们知道，由于参与抗议活动，我们不能再回国。当时我们还年轻，这一切对我们来说都非常艰难。

在法国，莱利娅又开始弹起钢琴，只是弹给我们自己听，此前她已经多年不触摸钢琴。她父母的去世和被迫逃离家园对她来讲，是个沉重的打击，这种痛苦使得她决定改变生活。所以来到法国后，她注册了美术学院学籍，开始学习建筑学，同时，我在准备我的博士学位。我们没有奖学金。我在大学城找到一个房间住下，又在大学城合作社找了一份卸货的工作，以支持我的学业；莱利娅在图书馆工作。

我们刚到法国时没什么积蓄，身上只有 2,000 美元。我们立刻买了一辆雪铁龙牌 2CV 轿车。感谢之前的阅读和学习，那些之前的学习让我们至少在理论上了解巴黎，但我们还想探访法国的其他地方。我们发现，法国从阿尔萨斯（Alsace）到比利牛斯（Pyrenees），再到普罗旺斯（Provence）……到处都很美，巴西的国土面积大约是法国国土面积的 15 倍，但法国的多样化是巴西不能相比的。渐渐的，法国像巴西一样，成为我们的家园。

在法国，我们学会了团结互助，一旦你经历了这些，就不会再回头。那些刚到法国的巴西同胞与我们建立了联系，他们受到巴西独裁者的摧残，"左翼"组织帮助他们从阿根廷和乌拉圭逃亡，当他们到达法国时，身体和精神都深受创伤。周末，我们开着那辆雪铁龙牌 2CV 轿车在法国各地旅行，为这些难民募捐。周六，我们和巴西同胞中的积极分子一起去凡尔登（Vertun）、梅茨（Metz）。我们一起做巴西菜，莱利娅唱歌。我们得到了法国"左翼"组织的支持，像劳工总联合会 (General Confederation of Labour，简称 CGT)、法国劳工民主联合会 (French Democratic Confederation of Labour，简称 CFDT)、法国共产党（the Communist Party）、统一社会党（the Unified Socialist party，简称 PSU），同时也得到了天主教运动组织的支持，如天主教反饥饿与促进发展委员会（Catholic Committee against Hunger and for Development，简称 CCFD），以及法国基督教组织——帮助失散者联合会普世互助组织（Cimade）的支持，他们都是帮助和支持外国移民的组织。换句话说，我们刚到法国，不认识任何人，但实际上我们从没有被隔绝、孤立，我们得到了许多组织的支持，这些组织联络密切，在物质和精神层面都充满真正的分享和互助感。我们虽然思念家乡，但在这里也时刻感受到被欢迎和关照，作为回报，我们尽力去帮助那些刚刚到达巴黎的同胞。当时，葡萄牙也处在民主被镇压的时期，我们也参与了反对萨拉查（Salazar）独裁政权的运动。作为巴西人，我们与葡萄牙人关系密切，也与所有合法和非法的移民团结在一起，如波兰人、安哥拉人、危地马拉人、智利人。

现在，我们有证据表明我们当时是被监视的。最近巴西政府公开的档案中显示了当时国家信息局关于我们的文件。我们当时在法国的生活是受到监控的。经常到我家做客、我们认为是朋友的一些人向政府告密，他们向相关人员描述我们房间的样子，所有的细节，甚至连房间里花盆放在了什么特殊的位置也会记录在报告中。报告中甚至还有伽玛图片社（Gamma photo agency）总监让·蒙特（Jean Monteux）的名字，我在选择摄影作为职业之后曾与他一起工作。1976 年，当巴西政府拒绝更新我的护照的时候，他曾经帮助过我一起去领事馆申请：证明我需要护照进行海外报道任务。在档案里，我们发现一份巴西秘密警察要求调查让·蒙特的文件。他们怀疑伽玛图片社是个颠覆中心，就是因为蒙特给过我支持——多么独裁和不道德！最终，我获得了法国国籍。我和曾经在葡萄牙遇到同样情况的巴西朋友——一家巴西剧院的总经理一起将巴西外交部告上了法庭。因为拒绝给公民发放护照违反宪法，我们赢得了官司。它开创了一个先例，之后再有人遇到类似的情况，也是通过法律来解决的。

今天，我们很高兴看到当初那些被迫害、被折磨和鞭打的人在巴西掌权。我们看到，从卢拉（Lula）的前任——费尔南多·恩里克·卡多佐（Fernando Henrique Cardoso）总统开始，是“左翼”领导人真正为巴西带来了变化。我们看到，有些曾经与我们一起并肩战斗的伙伴们当了部长，而且，当年卢拉也参加了抗议活动，由于他的工人出身，他没有离开祖国，后来他被逮捕和判刑，而如今，他成为巴西历史上最伟大的总统。他让巴西 3,500 万人民从贫困走向了中产阶层。同样的事情也发生在总统迪尔玛·罗塞夫（Dilma Rousseff）的身上。她也曾入狱，受尽折磨。独裁统治给人民带来了巨大的灾难，最终退出了历史舞台。任何独裁制度，不管是法西斯主义，还是纳粹，都没有好下场。似乎存在一种更为强大的自然规律，引领现实走向更为崇高的命运。总之，历史证明正义是存在的。

按下快门就足够了

感谢支持我们的“左翼”组织，它使我们一到巴黎就交上了很多朋友。1970 年春天，奥赛（Houssay）家借给我们靠近阿讷西的芒通内苏克莱蒙（Menthonnex-sous-Clermont）小山庄的一套房子，在那里我们得以休养生息。当时我的腺体肿大，最初，我以为自己得了癌症，很害怕，最后医生诊断我的病为花粉症。实际上，这是我第一次经历春天，因为巴西没有这样的季节。我们利用在萨瓦（Savoie）居住的机会，开着雪铁龙牌 2CV 轿车到了日内瓦，在那里，我们可以用欧洲最便宜的价格买到摄影器材，莱利娅需要一些摄影器材拍摄建筑。

她选择了宾得 Spotmatic II 相机，配了一只 50 毫米、f/1.4 的太苦玛（Takumar）镜头。那时我们对摄影一窍不通，就是觉得这部照相机棒极了。我们回到芒通内后，看了相机使用说明书，拍摄了第一张照片。三天后，我们又来到日内瓦，又买了两只镜头，一只是 24 毫米广角镜头，另一只是 200 毫米长焦镜头。摄影就这样进入了我们的生活。回到巴黎后，我在巴黎大学城（Cité Universitaire）给自己搭建了一个小型的摄影实验室。

几个月后，我辞去大学城合作社仓库管理员的工作，开始为学生冲洗照片，同时也为自己赚取点收入。之后，我完成了我的第一个摄影报道，这要感谢巴西作家若热·亚马多[1]（Jorge Amado）。当时他获得了法兰西文学院（Académie française）的奖项，同时获奖的还有葡萄牙作家费雷拉·德·卡斯特罗（Ferreira de Castro）。之后我又从其他几个小型摄影报道中得到小笔稿费。逐渐的，我开始想成为一名摄影师。我和莱利娅开始幻想买一辆大众（Volkswagen）牌的露营车，这样可以把我们的摄影暗房搭建在车中，然后去非洲旅行。同时，我还要完成博士学位。

1971 年，我在巴黎完成了经济学硕士学位后，在伦敦找到了一份很棒的工作，为国际咖啡组织（International Coffee Organization）工作，我想在那里完成我的博士论文的最后部分，但最终一直没有完成。我不断说服自己："你要成为一名严肃的经济学家，你必须为此努力工作，同时摄影……"我成为一名国际雇员，还突然间拿到了很不错的薪水，我和莱利娅买了一辆特棒的英国凯旋（Triumph）牌跑车，在海德公园附近租了一所漂亮的公寓。莱利娅还保留了她在巴黎城市大学的房子，她还要在那里继续她的学业。那时我旅行很多，去非洲出差后，我们在伦敦见面。

在与世界银行（World Bank）和联合国粮食及农业组织（FAO）共同工作时，我的任务是在非洲为其经济发展设立融资项目。我负责卢旺达、布隆迪和刚果，之后还负责乌干达和

1. 若热·亚马多·德法里亚（1912—2001）撰写了 30 多部小说，最知名的作品为《沙滩船长》（*Captains of the Sands*）。

肯尼亚。我参加了在卢旺达推介茶叶种植的项目，旨在帮助这个生产咖啡的国家发展多元化农业。国际咖啡组织创建了一项投资基金，要求咖啡生产国和消费国每生产和购买一袋咖啡时，向这个基金存入 1 美元。这些钱用于完成关于咖啡生产供求关系的研究，以使供求关系平衡，防止出现供不应求或供大于求而导致咖啡价格大幅涨跌的现象。我记得第一次去非洲是 1971 年，我驾驶着一辆大众甲壳虫车在布隆迪和卢旺达旅行了 50 天。那时，卢旺达还没有铺有路面的道路。同行的卢旺达工业文化办公室（Office of Industrial Culture）主任约瑟夫·穆尼安肯迪（Joseph Munyankindi）成了我的好朋友。

与世界银行和联合国粮食及农业组织的团队一起，我们在基伍（Kivu）地区找到了可以成为大型茶叶种植园的地方。这里的土壤特别肥沃，海拔也正适合茶叶生长。在这个生产咖啡的国度，我们建立了第一个茶叶生产机构。那时，我完成了一份 30 年盈利能力的分析报告。这个宏观经济项目一共雇用了 32,000 个家庭，每个家庭拥有自己的土地，并培育茶叶。1991 年，当我为了完成“劳动者”（Workers）专题拍摄项目再回到这里的时候，这些种植园已经取得了令人振奋的成就。虽然卢旺达不是世界上最大的茶叶生产国，但是它生产了世界上最好的茶叶，这里生产的茶叶充溢着为人喜爱的花蜜味，是亚洲茶叶带所生产的茶叶所不具备的，因此，它获得了伦敦交易所里最高的价格。

经济研究工作让我重新找到了我的天堂——非洲大陆。

非洲，我的另一个故乡

发现卢旺达就像重新发现了我的祖国。从另一个角度来看，非洲是巴西的另外一部分：当你查看地球的版图时，你会明显地感觉到，非洲、拉丁美洲和南极洲在1.5亿年前——在它们分开之前，是一块大陆。如今虽然大陆板块分离，同样的植被和矿产仍然可以在非洲和南美洲找到。在文化层面上，非洲的奴隶被葡萄牙人从莫桑比克、几内亚、安哥拉、贝宁、尼日利亚等国带到巴西，也给巴西留下了深刻的社会印记。历史的碎片和这些民族的传统组成了巴西文化的一部分。这就是为什么非洲的影响对巴西如此重要。我从小就梦想去非洲旅行。当我来到卢旺达时，我立刻感到我对那里是如此的熟悉：我们的生活方式如此相似，我们有相同的饮食、讲话和娱乐的方式。非洲的旅行贯穿了我的一生。我和这块大陆完全绑在了一起。

在卢旺达、布隆迪、扎伊尔、肯尼亚和乌干达的旅行期间，我意识到，比起回来后不得不写的报告，我所拍摄的照片更令人愉悦。我很努力地写完了报告，虽然工作无可否认地令人着迷，但是摄影……

对页：钦塔巴拉登（Tchin Tabaraden）一名打水的妇女。尼日尔，塔瓦省，1973年。

在伦敦，每到周日，莱利娅和我会租一条小船，在海德公园的人工蛇形湖中放舟，我们躺在船上几个小时，讨论我放弃经济研究投身摄影的愿望。我不断地问自己：“我应该做这件事吗？”直到有一天，我要改变的愿望彻底占了上风，这使我下决心放弃经济研究。1973 年，我 29 岁，在莱利娅的支持下，我放弃了前途似锦的职业，成为一名自由摄影师。

告别了高薪、漂亮的公寓和跑车，我们回到了巴黎，租了一套顶层的一居室公寓，那里白天当暗房，晚上作卧室。同时，莱利娅在准备她的都市主题论文，并夜以继日地为建筑项目工作，以支持我们的日常开销。她都是在项目接近完成期限时参与进来，所以工作强度极大，工作起来常常忘记时间。她还为在巴黎的巴西人创办的一份小报工作，挣些钱。她自己学会了排版、影像调整、编辑，等等，这些都为我们后来自己出版图书发挥了作用。我们把收入都用于购买摄影设备。我们有一个目标，所以我们准备为此承受一切。我记得那时我们没有淋浴，洗澡就到有条件的朋友家里去洗。

同一年，我们出发执行一个报道任务。在非洲，当然是非洲！莱利娅正在期待我们第一个孩子茹利亚诺（Juliano）的出生。我们穿越尼日尔，当时正是夏日，天气热得骇人，但是正因如此，我们可以感受到非洲，我们喜欢待在那里。我们同天主教反饥饿与促进发展委员会[这个组织驻尼日尔的两个代表：一位是来自阿根廷的乔利（Choly）女士，另一位是来自巴西的马科斯·格拉（Marcos Guerra）先生]，以及法国基督教公益组织“帮助失散者联合会普世互助组织”一起拍摄饥荒。这两个组织在我们前往的地区组织当地人抗击干旱，我们或是坐卡车，或是乘飞机，带着食品供给一路奔波。路途很艰苦，我们目睹了一些可怕的场景，但也令人兴奋，我们的影像可能会帮助非洲抗击干旱的项目。我们中共有两个人拍摄，我们的朋友、巴西青年安东尼奥·路易斯·门德斯·苏亚雷斯（Antonio Luiz Mendes Soares）负责拍摄彩色照片，我来拍摄黑白照片。

我们从尼日尔回来后，搬到了昂吉安莱班（Enghien-les-Bains），住在我们的好朋友巴斯（Bassé）家一栋可爱的房子里。他们也曾借给我们在尼日尔进行摄影报道所需的资金。在那里，我们才有条件冲洗胶卷和印放照片。在此期间，我病倒了。因为在旅行中连续吃了几周木薯之后，旅途快结束时，我还是没能抵抗住诱惑，在阿加德兹（Agadez）市场买了些肉回来吃。这些肉一定是被污染了，我感染了弓形虫病（toxoplasmosis）。幸运的是——感谢孕妇的第六感——莱利娅一口都没吃。由于我的生病，莱利娅不得不肩负起联系杂志和销售照片的工作。同时，莱利娅还得在暗房中冲洗胶卷、印放照片。换句话说，她为我做了一切。天主教反饥饿与促进发展委员会非常喜欢我的一张照片。那张照片中，一个女人站在一棵树旁，背对着光，头顶着瓦罐。他们决定用这张照片印制出“地球属于每一个人”项目的宣传海报。因此，我的照片被挂在了法国所有教会、所有教区的房子里，以及天主教反饥饿与促进发展委员会的多个中心。我不知道该怎样为我的照片开价。天主教反饥饿与促进发展委员会帮我设定了价格，来保证我们可以赚到一定数量的钱，以便可以租得起一套小公寓。但是莱利娅和我宁愿把这笔钱投资在摄影器材上。我购买了所有

年轻人为避免被军队应征入伍而逃离苏丹。肯尼亚，1993 年。

我需要的徕卡[1]相机器材，还购置了一台出色的照片上光机和专业的放大机，这些器材我们至今仍在使用。

我不敢说自己是一位非洲专家，但我是如此热爱拍摄这片土地。1975—1979 年，当我为伽玛图片社工作的时候，我会自告奋勇争取每一次去非洲的机会。长期的拍摄项目比最近发生的事件更让我感兴趣。在那个时候，你可以很容易地靠拍摄部长会议或名人的肖像赚钱生活。然而我特别的爱好往往并不是那么有利可图：我采访的事件的照片，通常只发表一次，虽然它们仍然属于当前的新闻，但发表之后，这些照片就被当作档案保存起来。但不管怎样，我的工作收入可以支持我们的小家庭，这已经让我感到快乐。最终我得到了回报：在非洲为期 30 年，近 40 次的报道后，我得以在 2007 年出版我的书《非洲》（*Africa*）。对于非洲大陆，我拍摄了非常多的照片，甚至能够再出版一本专辑。我非常庆幸在这些年能够有那么多的机会去非洲旅行，在那里观察和学习，这让我的工作可以持续。与此同时，我的照片也能反映非洲这些国家所发生的变化。

自从我认识了摄影，就从未停止拍摄，并且每次都能从中获得极大的乐趣。作为一名经济学家，长期的训练使我可以把这一快乐的时光转换成更长期的拍摄项目。

---

1. 德国产 135 相机（胶片尺寸为 24×36 毫米），堪称“相机里的劳斯莱斯”。

年轻的活动家，年轻的摄影家

当我第一次把自己投入摄影领域的时候，我准备尝试拍摄一切：裸体、运动、肖像……总之，什么都拍。终于有一天，我发现自己非常关注社会问题——虽然说不清为什么。事实上，这也是完全自然的。我经历过巴西伟大的工业化时代，在还很年轻的时候就开始关注社会问题了。

还记得当初我们刚到法国，虽然那时我还在学习经济学，但莱利娅和我计划去苏联，完善我们的“左翼”教育。所以在 1970 年，我们开着雪铁龙牌 2CV 汽车来到布拉格，去看望莱利娅叔叔的一位朋友(她的叔叔是巴西共产党的创始人之一)。这位朋友是巴西共产党中央委员会的成员，逃亡到捷克斯洛伐克。在布拉格，他告诉我们：“忘记苏联。在这里，革命已经完结了。官僚机构从人民的手中夺取了政权。如果你们想成为社会活动家，就和那些移民一起去法国吧。”这是一个可怕的打击。我们都不曾成为党内人士，当我们看到这位曾经经历过革命的男人已经失去了国际共产主义信仰时，我们感到非常沮丧。在这个信仰的支持下，他曾经找到了帮助巴西创建更好国度的希望。

我们随后决定去德国的莱比锡，那时，在莱比锡正组织所有共产党国家的集会。当我们离开布拉格的时候，下起了雪，我们发现，这和我们开车穿过泥泞的巴西的旅程是那么的相似。在莱比锡，我们目睹了共产主义世界生产过程的展示，并立即决定返回布拉格。当我们到达边境的时候，却被禁止再次进入捷克斯洛伐克。我们发现自己被困在两个共产主义国家中间。东德当局后来给我们返回莱比锡的签证，但我们又被大雪困在路上几天。我们最终达到距西德边境不远的萨克森州卡尔·马克思城（Karl-Marx-Stadt）。这座城市 1990 年更名为开姆尼茨（Chemnitz）。在我们寻找旅馆的时候，遇到了一名警察，两分钟后，我们突然被一群手持机枪的警察包围，充满暴力和威胁的气氛。而后我们遭受了几次审讯，他们问我们为何在东德共产党国家停留了几乎一周的时间。幸运的是，莱利娅在她的包里最终发现酒店收据，证明我们确实住在莱比锡。验证之后，警察下令让我们第二天早上 6 点前离开这个国家，而且要在柏林卫兵换岗前离开，因为很可能下一班岗的值班官员改变主意，不让我们离开。我们没有汽油，他们免费给了我们一桶，并帮助我们尽可能快地到达边界。在那里，我们又被彻底搜查，他们甚至用镜子将车底盘也进行了检查。最终，我们得以进入西德。

当有人问我是如何进入社会纪实摄影领域的时候，我的回答是：它就是来自我的政治承诺和我的根。我们认识许多像我们一样的难民，从南美洲、波兰、葡萄牙、安哥拉……流亡。所以，我一开始就将相机对准那些在法国和欧洲其他国家的难民和非法移民，这其实非常自然。正如我刚才所说，我对非洲的爱，促使我将第一次重大拍摄报道献给非洲大陆。我没有去拍摄非洲的风光和民俗，而是报道非洲的饥荒，这就是我与天主教反饥饿与促进发展委员会、帮助失散者联合会普世互助组织合作的开始。

虽然我们本人并不信仰基督教，莱利娅和我却对基督教社会产生了共鸣。我第一次的摄影报道发表在《克里斯蒂安》（*Christiane*）和《生活》（*La Vie*）上。当时，基督教媒体被认为是“非主流”。《生活》当时每周发行超过 50 万册，而作为天主教的月刊，《SOS》的印刷数量却超过 100 万册——我也曾为该杂志做了很多工作。我还为巴亚尔法新社下的《青年联合国》（*Croissance des Jeunes Nations*）杂志工作，并在弗勒吕斯集团（Fleurus）旗下的多本杂志上发表了大量影像作品。

所有这些媒体都有巨大的读者群。当时在法国，基督教运动发展很强大，那也是我的世界：基督徒致力于帮助难民和经济欠发达的国家，我是来自不发达国家，通过摄影，我试图揭示这个充满剥削的世界，以还其应有的尊严。多年来，除了其他工作，我还经常有机会与联合国儿童基金会（United Nations International Children's Emergency Fund，简称 UNICEF）、无国界医生组织（Médecins sans Frontiéres，简称 MSF）、红十字会（Red Cross）和联合国难民事务高级专员公署（UN High Commissioner for Refugees，简称 UNHCR）一起工作。总之，我一直和从事世界人道主义救援的机构保持密切联系。

当我在卢旺达为国际咖啡组织工作时，我见过工人们在酷暑下，赤着脚在种植园里每天辛苦工作 12 个小时的情景。他们没有任何社会保障，他们的工资也不允许他们有体面的住房，以及照顾好他们自己或是让其孩子接受教育。他们与欧洲的工人工作时间一样多，但他们的人力毫无价值可言。他们所生产的产品被亏本出口，就好像他们在付钱给我们，让我们买他们的咖啡；以低价牺牲他们的健康、他们的舒适和他们的基本需要，来满足我们。我对这种不公正感到负罪。莱利娅和我得出结论：世界分为两边，一边是自由世界；另一边则是缺乏一切的世界，是那些身无分文的人的世界。通过我的照片，我希望将这个具有尊严又受到剥削的世界展示给欧洲社会，他们有足够的分析能力接收这一呼吁。

在我的学业中，我基本上是在研究政治经济学，换句话说，是“量化社会学”。我们还学过历史和不同的经济理论课程，这些最终都是与哲学和思想史密切相关的课程。在国立统计与经济管理学校也可以学习计量经济学 (应用于经济学的数学)。莱利娅和我属于马克思主义研究小组，我们已经跟着阿努阿尔·阿卜杜勒 - 马利克（ Anouar Abdel Malek ）教授学习地缘政治，他曾经是开罗大学的教授，也是作为难民来到巴黎的。总而言之，我受到了扎实的教育。第一次到一个国家，我能迅速掌握这个国家的情况，将我的摄影报道放在一个历史和社会背景下。对我来说，摄影就像写作，作家用笔书写，我用相机讲述。摄影对我来说是一种激情，就像我热爱的光一样，摄影语言拥有强大的力量。当我第一次拿起相机，我没有为摄影设定界限，我的好奇心可以把我带到任何地方，任何美丽得让我心动的地方，把我带到那些社会不公正的地方，让摄影与社会更紧密地联系在一起。

在那个时候，我加入了伽玛图片社——最伟大的新闻摄影学校。在西格玛（Sygma）图片社一年后，1975—1979 年我一直为伽玛图片社工作。伽玛图片社的气氛格外友好。大多数摄影师是新近加入的。另外一个群体是更有经验的摄影师，他们不一定更年长，但已经从事摄影很多年了，并不像我这样刚刚入行，比如雷蒙德·德巴东（Raymond Depardon）、玛丽 - 洛尔·德克尔（marie-Laure de Decker）、于格·瓦萨尔（Hugues Vassal），还有弗洛里斯·德博纳维尔（Floris de Bonneville），他是非常优秀的新闻编辑。他们并不赞同我的“左翼”观点，他们对世界有自己的看法：他们知道要去哪里和如何去做。与弗洛里斯一起工作非常愉快，他可以说是我从事新闻摄影职业的启蒙老师。清晨，我们来到图片社，那里的收音机是永远开着的，随着从法新社、美联社、路透社等接收到的电传，新闻不断传来，我们看到了新闻发生的过程。例如一次孟加拉的报道，中午时，我们已经勾画出报道的框架。下午 4 点，弗洛里斯会对我说：“塞巴斯蒂昂，准备好了吗？”于是我急忙赶回家，收拾行囊，晚上 11 点，我登上一架飞往达卡的飞机。与此同时，伽玛图片社从不同的杂志获得出版担保，确保我的努力不会白费。

出发之前，弗洛里斯会递给我一份媒体文件——在这里要感谢我的大学教育，它使我很快就能够分析所去国家的形势并找到如何完成报道的办法。如果我为《巴黎竞赛》（*Paris Match*）、《时代》（*Time*）、《斯特恩》（*Stern*）或《新闻周刊》（*Newsweek*）工作，一般情况下，他们在我赶赴报道的国家或地区时，都会在即将到达的机场安排联系人或相关组织接我。在任何情况下，当我到达后，我都会设法与其他的摄影师和记者见面，并尽可能联系更多的人。那个时候，一切都比现在容易些：世界基本上分为美苏两大阵营。为了一开始能理解已经发生的局势，第一步我采用特殊的地理政治逻辑，将地域划分为“苏联”和“美国”，同时铭记法国总是形成一个小的单独的板块，然后着手干活。一天的工作结束后，我会在晚上赶赴机场，在那里，我总能找到好心的乘客做志愿者，帮我将胶卷带给我总部的同事，从未丢失过一卷胶卷。在机场交接完胶卷后，我会立刻发电传让“伽玛”知道我的照片内容和“志愿者”的长相和名字，以便安排我们的摩托车手在飞机舱门处及时取回胶卷。胶卷一到伽玛图片社，他们便着手冲洗，然后在当天将照片发到各个杂志社。

一旦世界其他地方发生了什么事，不管我身在何地，我都会直接到达那里。比如，我会从刚果直接跑到苏丹或埃及，而不会先返回巴黎。能为伽玛图片社工作真是一件幸运的事，它给你带来真正的职业教育。我欠弗洛里斯很多。此外，正如我前面所说的，我之前的研究项目为我完成摄影任务提供了很好的方法，使我乐于深入探究。随着时间的推移，我了解了一些国家，懂得了某些机制的运作，同时看到了不断变化的世界出现的新问题。

在科勒姆（Korem）难民营外等待的难民们。埃塞俄比亚，1984 年。

摄影，我的生活方式

有人认为我是一名摄影记者，这不是真的；也有人认为我是一位社会活动家，那也不确切。最真实的是：摄影是我的生活。我所有的照片是我经历的那些瞬间的折射，所有这些图像的存在源于生活和生活的驱使。一种内心的愤怒可以把我带到一个特殊的地方，是某种意识把我指引到那里的，这种意识有时仅仅源于我的好奇心或者某种意愿。我的摄影根本不是客观的。像其他摄影师一样，摄影来自于我的头脑，反映的是我的思想、我的经历。

当然，我所有的照片都终结于报纸。媒体是我的职业的主要支持者，我的工作成果的证明。然而，对我来说，摄影的意义远远超过发表照片。对于一本杂志，特别是现在，同一个主题你用四五天，最多一周的时间完成。然而，我的工作是永无止境的。真正让我感兴趣是那些丰富多样的报道内容和经过几年完成的摄影专题。要深入一个主题，不花个五六年的时间，只是从一个地方到另一个地方飞来飞去是不行的。深入报道的唯一方法是不断多次地回到同一个地方，遵循这种辩证法不断展开你的报道。连续40多年我都是这样工作的。这使我的摄影风格和主题保持一致，这种一致性还来源于我稳定的情绪。这要感谢陪伴我一生的我深爱的女人，感谢我们和我们的孩子一起分享的一切。如今，当我回首往事，我发现一种和谐，它源于我是谁，我在做什么，我从哪里来。当然，我也一直在刻苦紧张的状态下生活。

开始的时候，莱利娅和我没有什么钱，生活并不容易，但我并不后悔放弃了可以作为一名经济学家的职业生涯。多年来，我初衷未改，仍然深爱摄影，凝固瞬间。此外，摄影总是让我跟随历史的浪潮。也许有一天它会被另一种语言所取代，但同时，摄影为那些实践者提供了充满力量的瞬间和具有精神优越感的生活。

我通过妻子莱利娅的研究发现，与摄影师职业最近的“亲属”就是建筑师，他们像我们一样，在充实和虚幻中探寻光、线和运动，找到他们的生活方式、意识形态和历史之间的一致性，最后，将一切关联起来，这就是建筑与摄影相同的魅力。与电影或电视不同，摄影的力量不是来自于连续的框架，而是来自于片段，分秒的瞬间可以告诉你一个完整的故事。在我的影像中，每一个人的生活都是通过他的眼睛、他的表达和他的动作表述的。

拍出好照片，你必须要体验快乐。除非你真正爱着非洲大陆，否则你不可能在那里一待就是 5 年。强迫自己去观察你并不感兴趣的人或事务是没用的。要花几个月的时间待在煤矿，你必须非常投入，因此你必须热爱这一切。与摄影师一起生活的人都知道，世界上最无聊的事就是跟着他一起四处跑。他可以花很多时间在同一个地方，眼睛一直盯着他的取景器。我就是这样消磨时间的，观看、取景、构图、捕捉瞬间，在不同的光线中寻找感觉。然后，我所拍摄的一切会在暗房里被呈现出来。我要试着去把我的情感翻译成一种非真实的语言，因为黑白是一种抽象的概念，这种语言是通过照片的灰度范围实现的。在过去，我经历过一个人在暗房印放照片的快乐，但现在，我把银盐冲洗、放大照片的部分委托给了多米尼克·格拉（Dominique Granier）。

在我使用数码相机前，每当拍摄长期报道项目的时候，我常常需要等上数月回到巴黎才能冲洗胶卷，我把拍完的胶卷装在一个金属容器中一直带在身上。只有冲洗的时候，才能确认我在现场感受到的奇妙瞬间是否被真正记录下来了。为了那些瞬间，我长时间与一个特别的社群生活在一起，进入他们的生活，观察他们，窥视他们，为了拍摄，我经常会蹲在一个地方数小时。

摄影师完全融入周围的环境时，他会感到将要见证一种不可期待的瞬间。当他融入自然，进入一种特殊的境界时，美好的影像会在其眼前自然呈现。但是，要想真正看到，摄影师还需要成为正在发生的事情中的一部分。然后，所有的元素都将按照对他有利的方式开始"表演"。那个时刻太神奇了！它让我想起了我为法国国家铁路公司商务委员会（Comitéd' Entreprise de la SNCF）拍摄一本书时的情景：我来到位于法国南部中央高原（Massif Central）的欧里亚克（Aurillac）车站，那里有20多名工作人员。我与从法国总工会（CGT）来的一个朋友安东尼·德吉利斯（Antoine de Giaglis）在一起，他突然对我说："看，塞巴斯蒂昂，全站都在为您的相机工作。"这是真的。在同一个舞台上，每个人都在做自己的事情，但是我们所有人都有联系，都是这个伟大的舞台剧的一部分。大家都在演出同一剧目，这就是摄影！在这一瞬间，所有的元素，包括人、风、树、背景和光线，都有了关联。

当我拍摄的时候，我完全沉浸其中。摄影有一种魔力，它是我个人的最高享受。现在，我越来越老了，我需要一个助手和我一起旅行。但是很长一段时间，我都是独自拍摄创作。在拉丁美洲，我曾一个人和印第安人在山里住了几个月。

向米塞人（Mixe）的神灵 Kioga 祈祷。墨西哥，1980 年。

另一个美洲

同非洲一样，南美洲在我的摄影职业生涯中占有重要的地位，也可以说是我整个生活的一部分。在伽玛图片社，我谈论这件事时，没有人会感兴趣。然而，美洲对我至关重要。我真的很想去拍摄，它让我更接近自己的文化。这些国家有别于巴西，但我需要体验另一个美洲。当我还是个孩子的时候，我经常听到人们说起智利、玻利维亚、秘鲁的群山。它们是我想象中的世界的一部分，我要去那里，住在那里。最终，我付诸了行动，1977—1984年，我曾多次返回那里。我还访问了厄瓜多尔、危地马拉和墨西哥。1979 年，巴西政府颁布特赦，我得以回国，开始拍摄我自己的国家。我喜欢拍摄不同地区印第安人的生活，无论是在城市还是在农村工作的工人，或是山区的部落和那些土著少数民族聚集地。在巴西东北部富有神秘主义色彩的色当区（Sertão），我发现那里的男子还身穿皮衣，在这片半干旱的土地上为生存而战。我还穿越了墨西哥被雾气笼罩的连绵不断的马德雷山脉（Sierra Madre）……这个拍摄项目历时 7 年，有时我说是 7 个世纪，我试图穿越时间，穿梭于在历史的韵律中展开的多彩文化中。

我总是要先花上几个月的时间来设计我的项目、准备我的报道，联系可以帮助我与土著少数民族接触的组织，然后才能接近

危地马拉，1978 年。

不同的印第安人群。为了到达那里，我经常先乘飞机，然后像所有印第安人一样，搭乘公共汽车，最后还不得不徒步。每次，我都会花上几天的时间才能在山里找到他们。到了目的地，我还得耐心等待，直到他们能够接受我——尽管我已事先获得他们的授权。印第安人中蕴藏着丰富的文化，但这些文化已经在很大程度上被西方的文明所扼杀，因此他们怀着不信任的态度对待外界。如果你想为他们拍照，就必须与他们长时间交谈，和他们生活在一起。

我一离开家就是几个月，特别想念我的妻子。我常常想起她和我们的小儿子茹利亚诺。为此，我躲到角落里哭了很多次！然而与此同时，拍到这些照片也是我极大的快乐。另一方面，花了这么多精力和钱到了那里，你不可能住上几天就走。生活在那些高山里的日子，我学到了很多。那里的夜晚很冷，冻得我患了感冒——多年后，我才为自己买了一个很好的睡袋。即便如此，我看到了美丽迷人的景色，发现了多样的文化和丰富的精神财富。我没有遗憾。

此前我并没有真正意识到独自拍摄的价值。我觉得这些人接受我的拍摄不是必需的、应该的，唯一的理由是我花时间与他们生活在一起。这也证明了我独自一人前往的必要性。人是社交动物，当其独自一人来到某地，他会立即让自己被当地的居民所接受。当我冷了、饿了，当我想念我的家人时，我会告诉当地的主人。我跟他们讲我小儿子的故事，讲他正在离我很远的地方慢慢长大。换句话说，我会将最重要的事情与他们分享，就像他们与我分享这些影像一样。是他们给了我那些照片，我接受了。他们给了我力量。那些影像唤起我的孤独，也让我想到那些印第安人给我的安慰。照片也会传递这种力量：重现印第安人的生活，还有我们一起度过的美好时光。

回到巴黎后，这一原本没有人感兴趣的项目，获得了巴黎市政厅奖（Prix de la Ville de Paris）。而后，我得以同 Éditions Contrejour 出版社的克劳德·诺里（Claude Nori）合作，出版《另一个美洲》（*Autres Ameriques*）。克劳德也是一名摄影师，同时还是很出色的编辑。他与杜瓦诺（Doisneau）、维利·罗尼（Willy Ronis）、让·卢普·西夫（Jeanloup Sieff）等创作了许多精彩的图书。巴黎市政厅奖允许我们使用 49 张照片公开发表，此外再加上一个封面。这是莱利娅亲手设计和制作的第一本书。1986 年，我们在巴黎的拉丁美洲之家（Maison de l’Amérique Latine）举办了个人展览，然后在世界各地巡展。

危难世界的影像

1984 年，无国界医生组织发起援助运动，为受到毁灭性干旱影响、正面临饥荒的（北部）非洲萨赫勒地区提供食品和药品。与该组织一起，我在马里、埃塞俄比亚、乍得和苏丹等地完成了长达 18 个月的拍摄项目。一系列的影像展现出成群结队的难民从饥饿、焦渴以及战乱中逃离，失去家园的人们涌向难民营，比如埃塞俄比亚科勒姆难民营，是当时最大的难民营，80,000 名难民群聚集在那里。我的照片出现在国际媒体上，法国《解放报》（*Libération*）密切关注这一报道，我直接与图片编辑克里斯蒂娜·科若勒（Christian Caujolle）保持联系。这些照片为人道主义事业做出了巨大的贡献。1985 年，我因这一系列报道获得荷赛奖（世界新闻摄影奖）和奥斯卡·巴纳克奖。第二年，罗伯特·德尔皮尔（Robert Delpire）策划在国家摄影中心出版名为《萨赫勒，困境中的人们》（*Sahel, l'homme en détress*）的图书。1988 年，莱利娅为无国界医生组织在西班牙建立分部又策划了一本名为《萨赫勒，道路尽头》（*Sahel, el fine del camino*）的图书。

在我的职业生涯中，我完成了大量关于难民和挣扎在饥饿和贫困线上人群的报道。在摄影报道中，每次我都会通过与拍摄对象一起工作的机构和组织同拍摄对象接触，我花时间去结识新朋

对页：难民在等待发放食物。马里，贡达，1985 年。

友，与他们交谈。面对我的拍摄对象时，我总是让他们在自己的环境中自然行动。我从来不会要求他们摆姿势，他们也认可这种默契，在他们的默许下，我为他们拍照。没有哪一张照片仅靠自身的力量，就可以改变世界上的贫困。然而，我的图片结合文字、电影以及人道主义和环境组织的努力，成为谴责暴力、排斥、生态问题的更广泛运动的一部分。这些信息帮助那些看到事实真相的人们提高改变人类命运的能力。

我并非来自北半球的那些发达国家，我也不必像我的有些同事一样对这些灾难充满负罪感。我不愿拍摄物质上的贫困，因为那是我所来自的世界的一部分。因为“左翼”已在巴西执政，特别是在卢拉总统的带领下，巴西已开始发展。在我年轻的时候，巴西是一个经济欠发达的国家；在我离开之前，我见到了其贫困加剧。我总是发现位于北部（指发达国家）和南部（非发达国家）国家间财富再分配的不公平。我想向富裕国家的居民展现在非洲发生的饥荒，让他们意识到全球经济失衡的严重后果。出于同样的原因，我也想让人们听到巴西无土地人群的声音。

1979 年，当我得以重返巴西时，我为我家乡的贫困所震惊。1964—1984 年，巴西大部分小农庄的土地拥有者将他们的土地以“吸引人的价格”卖给了大农场企业，那个时代的通货膨胀使他们一无所有，从此过上朝不保夕的生活。我回国后拍摄的第一个专题就是反映这些农民的生活。他们被称为“吃冷食物的人”（boias frias）。这群人已经没有土地，他们生活在把他们卖出的土地连成一片的大农业庄园的边缘。很长一段时间里，只有解放

巴西，巴拉那州，1996 年。

神学教会（Church of the Liberation Theology）对此事做出了反应。草根组织和农业工人联合会（FETAG）帮助这些人集会，发出抗议不公正的声音。

1984 年，无土地工人运动组织（the Movimento dos Trabalhadores Sem Terra，简称 MST）成立，有 480 万个农村家庭参与。15 年的时间里，我一直跟踪拍摄他们的抗议活动。无土地工人运动组织做了一项全国未开垦土地的普查。基于普查，他们想迫使政府将这些未开垦的土地重新分配给一无所有的工人。于是在 1996 年，在巴西南部巴拉那州（Paranà），我看到 12,000 人，大约 3,200 个家庭占据了一块 83,000 公顷，但其中只有 12,000 公顷是可以耕作的土地。

无土地工人运动组织采取合法的行动，没有伤害任何人，因为他们只占领那些未开垦的土地。巴西宪法规定，禁止拥有未被使用的土地。这并没有阻止大业主触犯法律：很多大业主雇用保镖或警察驱逐占有“他们”土地的家庭。多亏了无土地工人组织的努力，这些土地大部分最终还是重新分配给了 20 万个家庭。大约经过 15 年的时间，我意识到我的影像完整地记录了这一故事。于是，莱利娅策划制作了一本收录我的影像作品和巴西作曲家、歌手希科・布拉戈（Chico Burague）的诗作的书。此书由若泽・萨拉马戈（José Saramago）作序，并于 1996 年出版。这本名为《土地》（*Terra*）的书成为无土地工人运动的宣言。莱利娅还策划了展览，展览的形式是 2,000 个文件夹，每个文件夹中有 50 张招贴画，很容易装订起来。该展览的目的是募捐，同时也是为宣传那些土地“战士”的故事。这些附带有销售的展览还在拉丁美洲、美国、欧洲和亚洲展出。展出所有的收入都捐给了无土地工人运动组织。在法国、意大利和西班牙，我们和国际团结组织（Frères des Hommes）合作举行了世界巡展。

每一张照片都是一种选择，哪怕在困难的境况中，你也必须要抵达那里并为在那里而承担责任。面对所发生的事件，无论你是坚持还是放弃，你总要明白为什么你会在这样一个地方。追踪报道无土地人群是我加入这项运动的方式，非洲饥荒的影像报道则是我对这一现象的一种谴责。无论在哪里，这些影像都能引发反响。摄影是一种最有力量的语言，因为它无须翻译，世界任何地方的人都能读懂它。

从马格南图片社到亚马逊影像

让·戈米（Jean Gaumy）是我在伽玛图片社的一位同事，他在 1977 年加入了马格南图片社。一年后，雷蒙德·德巴东也跟随他去了马格南。我当时在伽玛很开心，已经和埃尔韦·塔迪（Hervé Tardy）创建了一个杂志部门，完成了一些很棒的作品。然而，在 1979 年，我把我的一份简历递给了马格南，他们接受了我，这个时候，莱利娅怀了我们的第二个孩子——罗德里戈（Rodrigo）。

孩子出生几天后，我们发现他患有唐氏综合征，那时我刚刚开始为马格南工作。我们和罗德里戈一起，被扔进了残疾的世界——一个我们一无所知，但却必须发现并征服的世界。这是我们生活中最大和最痛苦的冒险。它教会了我们很多。我与罗德里戈有很多快乐的时光，他小的时候是那么可爱和顽皮。他是永无止境的甜蜜和亲情的源泉。我相信，如果没有他，我的照片将会完全不一样。他引导我以不同的眼光看待人们，以另一种方式去接近每一个个体。

伽玛是我最好的摄影学校，但马格南为我的成长提供了强大的机会。当莱利娅完成了她关于城镇规划的硕士学位后，她开始帮助开发马格南艺术馆，组织展览，这都使她获得了极富价值的经验。我在马格南的第一个报道任务是为一家德国杂志《地理》（*Geo:*）前往圭亚那采访。他们要求我拍摄彩色照片。我以拍摄我钟爱的黑白照片出名，但从我的职业生涯开始到我拍摄“劳动者”这个项目前，我常常用彩色胶片拍摄。我最后一个彩色摄影报道是 1987 年为《生活》杂志所拍摄的庆祝苏联十月革命胜利 70 周年。我给《生活》杂志一份报告，建议用黑白胶片拍摄。《生活》杂志的编辑团队已经同意了。马格南的总编吉米·福克斯（Jimmy Fox）要求我拍一些彩色照片用于马格南留档。结果我从莫斯科把黑白和彩色胶卷直接都寄给了《生活》杂志，他们冲洗了所有的胶卷，但忘记了我起初的建议，最终他们刊发的记录红场游行和放烟火的几个对页照片，都是彩色的。这是我最后一次发表彩色照片。

我在马格南 15 年，非常刺激，但竞争也很激烈。我遇到了一些伟大的摄影师，他们包括埃里希·哈特曼（Erich Hartmann）、亨利·卡蒂埃-布列松（Henri Cartier-Bresson）、埃里克·莱辛（Eric Lessing）和乔治·罗杰（George Rodger），我们成了朋友。我非常荣幸能够与这些拥有强烈个性的人在一起，但我们也发生过一些可怕的争执。

当我加入马格南的时候，我已经和所有知名杂志建立了关系。所以，1981 年 3 月，《纽约时报》（*New York Times*）委派我报道里根总统就职 100 天，他是 1980 年 11 月当选的。3 月 30 日，在华盛顿，光天化日下，里根总统从饭店出来就遭到了刺杀。当时我就在现场，并拍摄了当时的情景。我见证了一个精神狂乱的人向总统和随从队伍开了 6 枪。里根没有被直接命中，一颗子弹打到车上反弹后击中他的胸部，几个小时后子弹被取出。这一事件对于里根总统的生活是可怕的，但对于马格南和我来说却很有意思，因为那时马格南正陷入财政危机。我所有的现场照片都卖掉了！同一天晚些时候，在白宫的入口，我碰到一位摄影师，一位在鲍勃·肯尼迪（Bob Kennedy）遇刺时在现场的摄影师，他就是这样介绍自己的。他甚至还把这样的介绍写在了他的名片上。我感到一种危险：我曾经在非洲做过多年摄影报道，在拉丁美洲正在做深入拍摄，然而今天，我险些被定义为拍摄里根遇刺的摄影师。我和莱利娅决定，我们不能再让这些照片发表出去。不管怎样，我们承认这是一次伟大的“政变”，这一报道在财务上的贡献是巨大的，它支持我可以进行自己喜爱的拍摄项目，而不是委托项目。

很多摄影师为马格南工作，每个人都有不同的职业道路。在 21 世纪初期，那个 1948 年的工作方式已经不复存在，毕竟他们不得不随着时代的发展而进化演变。我不是唯一不追随当下新闻的摄影师，我是一个跟踪新闻故事，让人们看到世界所发生变化的摄影师。跟我做同样事情的还有吉尔斯·佩雷斯（Gilles Peress）、阿巴斯（Abbas）、詹姆斯·纳赫特韦（James Nachtwey）……我们的工作方法和其他那些给地理杂志拍摄彩色照片、拍摄广告照片或报道年度事件的摄影师几乎完全不同。马格南有必要考虑设立不同的部门以便为摄影师具体的需求提供帮助，使他们可以更好地管理他们的档案、更成功地销售他们的作品。所以我建议马格南建立系列专题摄影部，我敢肯定这会给马格南带来可观的持续收入。但是我的建议并没有被采纳。经过两年时间，我才最终下决心离开马格南。

我离开的时候，已经出版了几本书，同时世界各地的很多博物馆都举办了我的作品展。我与法国《巴黎竞赛》、美国《生活》、德国《明星周刊》（*Stern*）、西班牙《国家报》（*El País*）都有签约，要开始一个新的拍摄项目“迁徙”（Migrations）。我需要有一个团队支持我，马格南拒绝了，所以莱利娅和我决定自己做。

出于图片营销的考虑，我们在全球范围不同国家寻找了几家图片社。生意从来不是我们所擅长的，但是，我们知道如何去创造项目和讲故事，如何去计划和实施报道。莱利娅在策展方面很有经验，从观念到实施的每一步她都擅长，并且她已经制作出版了几本书，时机已经成熟，她当时已经开始建立并领导我们自己的组织。于是，我们在巴黎的圣马丁运河河畔创办了“亚马逊影像”[1]，一个我们自己的图片社。我们雇用了一群非常得力的雇员：纪录片制作者、传统胶卷照片专家、数字照片专家。否则，我们就得把这些工作外包。

1. www.amazonasimages.com

PRODROMOS

劳动者

20 世纪 80 年代中期，当我和莱利娅构想题为“劳动者”的项目时，我们更多的是想向劳动者致敬。从经济学角度讲，每种产品都是原材料、资本和劳动力组合的产物。进一步分析，我们意识到在三种因素中，劳动力更加重要。让我们想一想，亚马逊印第安人过着类似于五千年前或者一万年前我们祖先的生活。他们知道如何熏鱼，超市中销售的熏鱼所采用的规模或大或小的工业化熏制技术，均源于祖先的这些经验。技术的发展使得机械化取代了手工劳动。从金钱角度讲，机械化也使人工劳动变成资本中的财产。不可否认，劳动者已经成为生产中最重要的组成部分。我设想了一个向劳动者致敬的系列摄影。5 年间，我专注于拍摄这个项目，当工人们工作的时候，没有人拒绝我的拍摄，我得以展示一个生产过程的世界，一个正在消失的世界。

我集中拍摄大规模生产，人在生产过程中仍扮演着重要角色。我们正在经历伟大的工业革命的后期。科技的进步、电子技术的发明和机器人技术的运用已经取代了人的双手。比如，在汽车工业中，很久以来都是工人在生产线上组装每一个部件，男女工人把不同的零件组装在一起。后来，机械手出现，代替了人手劳动。在手工作业消失前，我需要建立一个工业时代的视觉考古学档案。

对页：孟加拉，吉大港，1989 年。

但泽海军船厂。波兰，1990 年。

为此，我专门访问了农业种植园、工厂和矿山。我去往那些能够更好地看到劳动者运用原始材料进行生产的地方，观察到劳动者在生产线上工作的情景。

1986—1991 年，在几位总编辑的帮助下——包括《巴黎竞赛》的罗勒·泰隆（Roger Thérond）、《国家报》的阿尔贝托·阿瑙特（Alberto Anaut）以及当时我为之工作的马格南的总编辑，我走访了 25 个国家，完成了大约 40 组报道。这其中，欧洲的报道很少，因为在 80 年代，欧洲的很多工业已经开始转移到土耳其、中国、巴西、印度尼西亚和印度这些国家。整体工业的形式从我们的土地上消失了，如法国洛林的金属加工工业。我深爱那个时期自己的拍摄工作，因为无论我在哪里拍摄，工人都自豪地在生产和创造。我深深地被人类非凡的创造力所打动。他们能够把一片片钢铁一点一点地焊接在一起，制造出一艘大船。这就像是一座令人惊叹的复杂而伟大的纪念碑。在入水之前，它只不过是一堆组装好的“废金属”。但当它一入水，就成了一艘船，一旦它装配完毕，便可以扬帆起航……一堆“废金属”最终能够漂浮在水中，简直不可思议。这一切可以追溯到很久以前人类发明的第一条独木舟。如今的技术与当初的成果是同样的原理。这艘船扬帆起航，承载各种产品，运载世界各地的乘客，把世界联系在一起。当船只被判定太老，使用的年头太长时，它就被送到孟加拉、印度某地，抑或巴基斯坦。在那里，它们被切割成小块的金属，用于制作刀具、农耕工具，等等，然后它们再漂洋过海被出口到其他地区，终结其一生。比如船只的铜制螺旋桨被制作成茶壶、耳环，以及用于孟加拉妇女那精致华丽、带有珠宝的装饰品。在此之前，它们环游世界，访问了新加坡、纽约及世界其他城市的港口。这个过程难以置信的复杂。看到这些，我为人类难以置信的创造力所惊讶。但另一方面，一艘船诞生在煤矿和铁矿中：煤炭将铁炼成了钢，钢又组装成一艘船，在它们转变为一艘船的过程中，煤炭和金属的粉末蚕食了矿工的肺部，使他们患上了矽肺。同样，造船厂的工人也未能幸免，在孟加拉船舶拆卸场的工人中也发现了同样的病症。这种疾病贯穿整个产业链。感谢“劳动者”这个项目，使我能够得以见证这一产业中的地缘政治。

我注意到，有时候，人类在创造生命的那一刻，也同时准备创造死亡。在哈萨克斯坦，生产磷酸盐的行业既可以生产肥料，也可以制造凝固汽油弹——一种在战争中杀伤力极强的武器。在孟加拉，当地人用祖传方法编织的麻袋，可以用来装运粮食，但当麻袋中装满沙子时，便可用于巩固战壕和保护士兵：即使是在被子弹射中的情况下，麻袋里面的沙子也不会溢出，这为士兵提供了更有效的保护屏障。巴西的甘蔗种植园呈也有多元化的生产：从甘蔗中可以榨取糖或甲醇，作为燃料甲醇的污染比汽油少得多。在古巴，我前往甘蔗种植园，在那里，我意识到不是人种植了甘蔗，而是甘蔗创造了人。无论是在巴西还是古巴，这些种植园里的工人都是一样的，他们的工作、活动、穿着方式，甚至自我享受的方式都是那么的相同。

同样在古巴，距离甘蔗种植园仅仅几千米，我遇见了烟叶采摘者——他们属于一个完全不同的“宇宙”。他们戴着帽子，去采摘将注定成为著名高品质雪茄的烟叶，如同法国著名酒庄的葡

甘蔗收获者。古巴，哈瓦那，1988 年。

传统金枪鱼捕捞仪式“马坦萨”（Mattanza）。意大利，特拉帕尼，1991 年。

萄。这些采摘烟叶的工人一点也不像甘蔗种植园里的工人，尽管他们是邻居，但他们生来就与葡萄种植工人的气质更加相似。我意识到是产业塑造了人本身。雪茄生产的精细流程催生了一种独特的工作方式，比如，在工人卷烟的过程中，会有人讲故事。以前，他们会选择类似亚瑟王的传说故事。我在那里的时候，碰巧听的是列宁的生活、马克思和其他革命政治家的故事。无论如何，这些故事有助于工人集中精力，完美地做出产品，这真是一种奇妙的生产方式！

我在留尼旺岛（“香水之岛”）上居住了 40 天。在那里，我学会了如何生产香根草和天竺葵精华，以及如何包装香草。我在村庄里的当地居民家中租了一个房间，每天都和住在海岛高地上的居民一起早出晚归，还花时间参加了村里的各种活动。我在西西里岛花了很多天与金枪鱼渔夫待在一起，或在加利西亚观察海上收获的人们，窥视在拉贾斯坦邦的运河上蒙着脸工作的妇女，或在科威特跟随那些在地狱般油田里工作的工人。我花时间与工人们聊天，试图更理解他们。不一会儿，他们就习惯了我的存在，最后，我几乎像一个装饰品一样成为他们环境中的一部分。

在这些项目的报道中，不管参加哪种类型的活动，我总是选择走进重工业。它们也比较容易进入。这与我的目标相符——报道正在消亡的雇用了大量劳动力的工业世界。因此，1989 年我还去过中国，参观了规模巨大的生产单位。我在这个国家从未遇到拍摄困难，总是很顺利地取得拍摄许可，就像当年在苏联一样。我只是需要提前准备，然后等待申请获批。

我还曾到过位于美国南部达科他州（Dakota）的屠宰场。在那里，一小时之内会有1,000头猪被屠宰，每天有2,000头牛被屠宰。屠宰场的工人们每天都在没有窗的屠宰场坚持不懈地重复相同的血腥手势，气味极其骇人。第一天，我没有办法拍摄任何照片，因为我一直在呕吐。看过这种工业香肠生产方式后，我永远地放弃了热狗。这里的工人有很高的薪水，但这是我见过的生产线中最难做的工作。

在爪哇岛——一个美得像小天堂的地方，我看到一名男子徒步50千米不停地折返于此。他穿过稻田、丁香种植园和热带丛林，从山的一侧爬到海拔2,300米的山顶上之后，再下行600米到山的另一侧，然后进入卡瓦伊真（Kawah Ijen）火山口。他们就是伟大的“硫黄制造者”。对于火山中那些有毒物质（名副其实的毒药云）的排放，他们只是用嘴而不是用鼻子呼吸。他们唯一的防护措施，就是往嘴里塞一片布。然而一段时间后，他们的牙齿全被毁了。虽然他们中没有人的体重超过60千克，但他们每个人都会在背后的筐子里装上70—75千克矿物。他们用一根竹竿挑着两个筐子，再向上爬600米，离开火山口。这大约要花费2个小时，然后他们顺着火山坡冲下山，以避免被篮子的重量压垮——但这是极其危险的，他们中的有些人就因此而膝盖脱臼。当时，他们的每趟行程能得到约3.5美元的报酬。之后，他们休息几天以恢复体力，到了月底，他们挣的钱勉强糊口。在金矿和煤矿，我有着同样强烈的记忆。

塞拉佩拉达的露天金矿。巴西，帕拉州，1986 年。

矿山的世界

塞拉佩拉达（Serra Pelada）金矿位于巴西北部帕拉州（Parà）。该金矿于20世纪80年代被发现，并从此开始了淘金热。我想去看看这个金矿，但是，金矿是联邦警察管理的，我因为当年作为政治抗议者在国家情报局“挂了号”，所以被禁止进入这里。1986年，随着金矿管理权移交给矿工协会，我终于获得访问许可。我父亲的一个朋友是一座有上千名矿工的金矿拥有者之一，是他做我的介绍人，将我带到金矿。这个巨大的金矿被分为两三千个小片区，每个小片区有2×3米大，雇用15—20个人，这些人负责工资、保安、运输，等等。我到那里的时候，70,000千克黄金已经被挖掘出来。

我到金矿那天，一个矿工问我从哪里来，我说：“从淡水河谷来。”那里是我出生的地方。但我没有意识到，传言迅速散播，他们说我是巴西淡水河谷公司派来的——这家公司是这个地区法律上的拥有者。该公司的名字确实用了我出生地的地名，在那里，公司拥有全世界最大的铁矿产业。它当时也在帕拉州寻找铁矿。就在谣言在我不知情的情况下继续传播的时候，我在脚下看到了一个像足球场那么大的坑，这个坑大约有70米深，那里大约有50,000人在一起工作，然而他们没有使用任何一件机械设备。他们看起来就像泥塑一样，看着这么多人用镐敲击，用手刨着泥土，我感觉好像听到了黄金的低语。

这时，声音突然消失，所有人的目光都投向我。我肤色苍白，衣着浅淡——我工作时总是穿着卡其布的裤子，呆立于数千张被阳光暴晒的面孔和溅满赭石色泥浆的身躯之间。接着，所有人都一起敲打他们手中的工具，发出震耳欲聋的声响。我完全不明白，干脆拿出相机开始拍照，渐渐地，工人们重新开始干活。

接下来，我开始准备进入金矿，但在下到最底部之前，我不断地跟聚集在一起干活的人群冲撞，搞得我从衣服到相机背带上全都是泥。我可以感到当时空气中弥漫的紧张气氛，他们的敌意是冲我来的。没有人同我讲话，我也搞不懂这是为什么，便开始问自己：如何在这样的环境中度过一个月？在矿坑的底部，我遇到一个警察。这里的警察并不是为了防止偷窃，而是为了保证工作能够顺畅有序地进行，避免打架斗殴事件的发生。这个警察对我说："外国佬，给我看看你的护照。"我跟他说我没必要给他看护照，因为我是巴西人。那时，我留有金黄色的头发，还留着胡须。那个警察一直盯着我，坚持要看我的护照。我一再拒绝，最后警察竟掏出了手铐，铐住我并猛推了我一把，这重重的一击让我的眼泪都流下来了。那些工人看到警察对我如此凶狠，意识到我不是淡水河谷公司派来的探子。接着，我被带到一间小屋，我对那个警察做了一番解释，而后他意识到是误会了，于是道了歉放我离开。我回到矿坑，在那里，我受到了热烈的欢迎，最后那个警察也帮了我一个大忙，允许我去任何地方拍照。就这样，

塞拉佩拉达的露天金矿。巴西，帕拉州，1986 年。

我与矿工们共同生活了几周。那段时间我就住在我父亲朋友的小屋——这个人在我小时候就认识我。

我拍的这座金矿的照片很有名。看到这么多人挤在一个巨大的露天大坑里采金，确实令人印象深刻。我本来还希望表现矿工工作的艰辛，并引发社会共鸣，但在这里工作的人都是自愿的，他们不是奴隶，而是为了发财的梦想而来的。他们当中有些人可能一生都找不到金子，但是也有一些人在挖掘中会找到一条含金矿层……就在他们不断挖掘的过程中，他们已经离金矿越来越近，当他们发现土地的颜色开始变化，那些珍贵的矿物开始显露出来时，他们的心情可想而知。塞拉佩拉达的矿工们不用普通的袋子装那些宝贵的矿石，他们通常用白色或蓝色的袋子来收集矿石。除了他们的日常工资，每位矿工还有权挑选一袋自己从矿层中采集的矿石，经过筛选，他们可能只能筛选出一些矿石颗粒；但如果足够幸运，也许能碰巧捡出一块 5 千克重的黄金——这相当于中了头彩。

我遇到过各种类型的工人，有的完全不识字，有的则读过大学，他们都是冒险家，如同当年美国加利福尼亚州和阿拉斯加的淘金者。他们瞧不上金矿警察，觉得他们就是马屁精，仗着手里有枪，滥用权力。这像一场真正的阶级斗争。不管什么时候发生冲突，警察都会毫不犹豫地开枪，有时还会打死人。同样的，他们也会被矿工投掷的那些比花岗岩还重的矿石砸死。

对页：塞拉佩拉达露天金矿。巴西，帕拉州，1986 年。

所有的工人都住在矿区，睡在小屋里的吊床上。除了工资，矿区是管饭的，饭菜还不错，有足够吃的肉、薯类、米饭和蔬菜。在我父亲朋友的小屋里，老板和工人吃的都一样。在这里是禁止饮酒的，四五十千米内见不到女人，这就避免了潜在的暴力行为，但我也见到了一些“温存”——这里有同性恋。在 50,000 名男人中有一个同性恋组织，这样一个小型组织为这里增添了一丝温柔的感觉。有一天，我碰到一个很粗壮的男人，身上还有刀伤留下的疤，我们聊着聊着他突然说：“塞巴斯蒂昂，你能住在巴黎很幸运，等我找到了金子，我的梦想就是去巴黎，装一对硅胶乳房，那里的货最好。”真难想象，像奴隶般在这里干活的他，梦想竟是装一对漂亮的假乳房。这实在太令人意外了，我忍不住大笑起来。

后来，所有的矿山都机械化了。1989 年，我在印度丹巴德（Dhanbad）地区工作，见证了 15 万名矿工每天肩拉背扛地挖煤，在温度可达 55℃的狭窄巷道中夜以继日地轮班工作。“二战”以前，那些矿井是英国人管理的，那个时候，这个矿井提供高质量的煤，用于生产钢。但后来，英国人没有把矿井适当关闭就抛下不管，所以后来有些地方时有矿井下的火灾发生。我在那里时，地下的火已经烧了很多年，每天都能看见烟飘过村庄。有些地方的地面已经塌陷。尽管如此，该地区仍然有 40 万居民，他们靠矿井生活，他们有些面积不大的土地由女人来耕种，男人们则通常在矿上工作，也或者反过来。还有的全家都在矿上，因为矿上可以雇用不熟练的工人，特别是地面上的工作。那时，当地人用苏联产的大型机械建露天煤矿，那种像怪兽一样的巨型铲车，一铲下去挖出的土跟房子那么大。这是一个时代的终结。

许多年以后，我回到比哈尔邦（Bihar）做一组关于迁徙的报道，观察工业重组对人口的影响。当地劳动力已经被大型机器取代，矿井只雇用技师，体力被技术和知识取代，许多没有资质的工人失业。随着土地的丧失，这些新的贫困人口前往城市，造成城市大规模扩展。那时，我碰巧遇到了一些家庭在夜晚到矿井边“收集”汽油。为了生存，他们有的不得不从以前属于他们自己的土地上偷东西，他们从在矿上工作的工人，转变为挤在城市边缘的无产阶级，并在夜晚从他们原先的土地上偷东西。这是人类的悲剧，是由工业进程中人工劳力的消失导致的，这也正是接下来我将在“迁徙”项目中讲述的故事。

妇女背着农产品赶往集市。厄瓜多尔，钦博拉索省，1998 年。

迁　徙

1993年，我们出版了名为《劳动者》（*Workers*）的书，我和莱利娅一起在全球各地博物馆组织展览、召开论坛，分享我的经历。我开始酝酿一个新的故事，关于工业变化和工业生产速度加快导致的家庭重组。

和其他地方一样，在印度比哈尔邦（Bihar）我看到了同样的事情：西方大工业的去本土化——将生产转移到劳动力低廉的贫穷国家。这种工业中心的增长造成了大规模的人口流动。我不知道今天的数字，但是在20世纪90年代上半期，全球每年有1.5亿至2亿农村人口流向城市，这种流动正在导致我们这个星球的颠倒、混乱，今天我们看到的一些南半球国家的许多城市灾难来自于全球工业体系的转型。这促使发展中国家形成了新的消费社会，廉价产品生产的加速、人口的集中以及超大城市的出现。人类历史上首次出现城市人口大于农村人口，然而许多新的城市人口却生活在可怕的生存环境中。

低价劳动力集中在城市棚户区，到处都是如此，比如在巴西圣保罗和墨西哥，我们可以看到同样的情景：全家人住在狭小的棚屋里，孩子们在垃圾堆上玩耍。在全世界，由于重工业和战争而导致一些不发达国家的空气中充满橡胶味和浓浓的烟雾，虽然这些地方的孩子身处不同的国家和地方，但贫困似乎在以同样的形态向世人展现。

在世界任何地方，那些失去家园的人们的遭遇都源于同样的经济原因——总是少数人获益，多数人变得更贫穷。人口数量的上升也加剧了同样的问题：不安全感、贫困、暴力、流行病。在 21 世纪，我希望展现这些流离失所的人们，向他们面对背井离乡的痛苦所表现出的勇气，以及他们在极端艰难环境下惊人的适应能力和对于生活的渴望表示敬意。我希望以他们自己的形式呈现，以他们自己的进取精神和他们不同的自身价值为世界添彩。在 21 世纪到来之际，我试图去展现在团结和分享的基础上，重建人类家庭的需要。

我遇到了处理这类问题的专业组织，他们与移民有密切的联系，比如总部在日内瓦的国际移民组织（International Organization for Migration，简称 IOM）、联合国难民事务高级专员公署、联合国儿童基金会，等等。一段时间以来，我们决定重新讲述那些被迫离开家园的人们的故事，他们不仅仅由于经济问题离开，也有宗教、气候和政治的因素。我们将这一项目命名为“迁徙”。

随着项目的开展，我们对这一项目的期待越来越高，因为我们不断发现自己的故事就包含其中。从官方的角度来说，我离开巴西去法国求学，但是，当我的巴西护照过期，政府又拒绝给我延期时，我实际上成为一个难民。最终，我获得了法国国籍，莱利娅和我们的孩子们也得到了法国国籍，但是，除了我的儿子们生于法国，我从来都不是真正的法国人，永远都是一个移民。我习惯于流放，知道离开自己的国家意味着什么，我见过那些因没有身份证明而长期焦虑的人，那些曼哈顿餐馆里的萨尔瓦多侍者、英格兰的印度店主、巴黎建筑工地上的塞内加尔工人……我觉得我与那些离开家园在异乡建立新生活的人很相似。

“迁徙”项目花了我整整6年时间，在这期间我去了很多国家，从印度到拉丁美洲，再到伊拉克，有的地方我以前就很了解，比如巴西。我见到人们因生活条件恶化而经历巨大的感伤，我访问了那些超大城市和狭小的棚屋，那些不断扩大的城市以及不断涌入这些城市找工作的移民，如雅加达和孟买。我看到在贫困的“海洋”中存在的富有的“小岛”，我不会忘记马尼拉那些私人高尔夫球场和满街贫穷的儿童。我看到越南人为了获得签证而在美国驻胡志明市（以前叫西贡）领事馆前排队数小时，还有中国香港和印度尼西亚加兰岛上的“船民”，我看到非洲人试图非法涌入西班牙找到一份工作。我拍下了这些移民——他们踏上陆地的征程，或者挤上小船，试图在他乡找到更好的生存方式——然而他们却经常以自己的性命来冒险。

我还遇到那些因自然灾害而被迫离乡的人们。1998年，飓风米奇（Hurricane Mitch）造成洪都拉斯人的村庄被洪水淹没。那些地区以前也经历过风暴袭击，当地居民眼睁睁地看着自己的家园被泥石流冲走。但那时，树根牢牢地植于土地，可现在森林砍伐和人类的干预加剧了灾难对人类的影响。我还访问了生存遇到

WILLS
WILLS
CHURCH GATE
639
2

教堂门（Churchgate）火车站。印度，孟买，1995 年。

伊万科火车站，120 名难民生活在一辆火车里。克罗地亚，1994 年。

挑战的人们，如伊拉克的库尔德人，还去了阿富汗和其他国家的难民营。与移民不同，他们不是因梦想寻找更好的生活而成为移民，而是被压迫的恐惧和战争让他们流离失所，然后他们试图适应难民营的生活。他们中有的人最终留下来成为永久居民，如黎巴嫩的巴勒斯坦人。许多人再也不返乡，成为真正的移民。

我还去了巴尔干，在那里，我遇到了那些无所适从的人们。善于欺骗和好战的军阀使百姓互相争斗、彼此对立。数百万前南斯拉夫人，后来成为克罗地亚人、塞尔维亚人和波斯尼亚人，他们相互为敌，被迫离开家园。我也见到被迫害的吉普赛人、大举离家的阿尔巴尼亚人和科索沃人，这些处境极其相似的人群让我深感压抑。

这些报道将我置于这个世界的受害者面前，他们有相同的命运，他们经历着可能是生命中最可怕的瞬间，但是他们允许我拍摄，我觉得他们是想让自己的苦难为世界所知。

最终，这组我本来以为易如反掌的报道，让我深感震惊，甚至在情感和信念上不知所措。之前做过许多报道的我，本来已经对悲剧司空见惯，但我从未想到会经历这样的暴力、仇恨和残忍。我想不到种族清洗还会在欧洲发生，难以想象巴尔干人的噩梦，而随后我发现的非洲的大屠杀和种族灭绝，更是让人无法摆脱情感深处的无情伤害，甚至无法不对人类的未来感到严重不安。

莫桑比克：漫长的回乡路

1992年，从联合国获悉莫桑比克政府与莫桑比克全国抵抗运动组织签署了和平协议——莫桑比克从1976年起就一直陷于党派之间全面、血腥的内战。听到停战的喜讯，我决定去一趟这个非洲南部的葡萄牙前殖民地。我希望看到成千上万的莫桑比克难民回家——很多年以来，他们一直居住在马拉维（Malawi）、津巴布韦和南非的难民营里。

要了解那里的局势，就有必要回顾一下莫桑比克独立的历史。在莫桑比克解放阵线（Frelimo）的领导下，经过长期斗争，最终摆脱了葡萄牙的殖民统治。1975年，莫桑比克正式宣告独立，成立莫桑比克人民共和国。当时，其邻国南非正在“右翼”政府的种族隔离制度的统治下，他们惧怕莫桑比克的革命会引起南非黑人的效仿，于是通过支持反对派组织莫桑比克全国抵抗运动（Renamo），发动了一场游击战争。在南非的支持下，该组织迅速强大起来。

正如同在独立战争时期，一派力量（莫桑比克全国抵抗运动）掌握着农村地区，另一派力量（莫桑比克解放阵线）控制着城市。当时全球处于冷战时期，西方阵营支持南非，而苏联支持莫桑比克政府。当莫桑比克全国抵抗运动组织进入农村并开始屠杀时，大多数成年人正在田里劳作，而孩子们正在学校上课。大屠杀使人们在混乱中四处逃散，家人分离。当莫桑比克全国抵抗运动组织抓住孩子时，他们会把这些孩子收编进队伍，将他们训练成童子军。这一时期的暴力状态难以言状。

这场内战结束后，联合国儿童基金会、世界卫生组织、无国界医生组织、联合国难民事务高级专员公署、国际移民组织，以及我参与合作的拯救儿童基金会（Save the Children Fund）等人道主义组织管理着难民营。有的难民营有 5,000—10,000 名与家人失联的孩子，而其他的难民营则大多是成人和家庭。为了帮助父母和孩子重新取得联系，我们通过肖像照片来开展工作。事实证明，这种方法极为有效。但是在把孩子交给大人之前还是要特别的谨慎，有些不法分子会借机拐卖孩子，让这些孩子成为奴隶。为此，这些国际组织建立了一套有效的辨识管理系统，帮助成千上万的儿童与他们的家人重新团聚。

在难民营工作的那几周，我注意到两派力量（莫桑比克解放阵线和莫桑比克全国抵抗运动）的人员在一起生活。他们的命运相近，都是被迫离家，战争让他们陷于饥饿。这些在战争中彼此兵戎相见的对手，如今却在同一个难民营里共处。为了促成双方和解，难民营组织了“驱邪仪式”，我见证了这一异常激动的时刻：参加者奋力击打那些以刀枪武装的“战争魔鬼”的装扮者，最后“魔鬼”被赶走，预示着一个统一的莫桑比克民族得以持续，人们终能返回家园。当我看到那些乘大巴、坐卡车和步行回家的人们时，我被这一场面所感动，因为几周前，这些人还在一场无情的战争中疯狂地彼此厮杀，而现在，他们已经共同走向他们原来的家园。

我与这些摆脱了战争的人们共同行走，在马拉维与莫桑比克之间不停地跋涉。我意识到，这些刚刚从拥挤的 5 万、10 万甚至 20 万人居住的难民营里出来的人，实际上经历了一种城市生活方式。多年来，这些农村人住在成群建造的中间被通道隔开的乡下小屋。而在难民营生活的那段时间里，他们能去学校上学，能去医院看病……几个月过去后，这些农村人已经成为城里人，他们回到莫桑比克以后，大多数人都不想再回乡下，而是选择在城市住下来。这场战争急剧改变了这个国家的生活方式。

在返回的路上，我目睹了一些惨烈的情景，特别是赞比西河两岸。我记得当时我们在夜间到达河岸，这些返乡途中的人们浑身泥土、饥渴难耐，于是他们迫不及待地跳进河里，而没有注意到黑暗中潜伏着的鳄鱼。就这样，有人被鳄鱼吞噬了……太可怕了。我也记得另一个开心而富有戏剧性的片段：世界上最长的跨河大桥——唐娜安娜桥（Dona Ana）有 13 千米长，它在战争中多处遭到毁坏。当我们通过这座桥时，我遇到一个背着袋子和孩子的妇女，我问她是不是去桥另一端的塞纳镇（Vila de Sena），她大笑起来，说她要去的地方比这可远得多。于是我又问她是不是去贝拉（Beira），那是一个离此处有 300 千米的小镇。她说："不是，我是去（首都）马普托（Maputo）。"天哪！就是说她还要这样背着她的行李和孩子再走 1,250 千米。我永远忘不了这位妇女的平静和坚毅，还有她的勇气，我肯定她一定会到达目的地。

之后我又去过几次莫桑比克。1994 年 4 月，我回巴西与莱利娅团聚，之后我于 5 月初再赴非洲，从圣保罗前往马普托。在南非约翰内斯堡机场转机时，我突然听到机场的广播里在喊我的名字，是莱利娅叫我马上给她回电话。在电话里，她急切地对我说："别去莫桑比克了，去卢旺达，成千上万的人在逃往坦桑尼亚……"

卢旺达难民营。坦桑尼亚，贝纳科，1994 年。

卢旺达

就这样，我没有按原计划返回莫桑比克，而是买了一张去肯尼亚的机票，这是唯一能去卢旺达的通道。在肯尼亚首都内罗毕（Nairobi）的联合国难民事务高级专员公署办事处，我被告知已经无法进入卢旺达了，一场战争即将爆发，成千上万的人正在逃往坦桑尼亚。他们建议我当晚搭乘飞机前往边境。我在坦桑尼亚东北部的贝纳科（Benako）走下飞机时，10 万名卢旺达难民已经到达那里了，并且几天之内就会达到 100 万人之多。关于死亡人数，我想没有必要再提醒大家了——1994 年，卢旺达成为 20 世纪最严重的种族灭绝之地。

在这场灾难中，我迅速进入工作状态。我看到了很多可怕的事，有的令人终生难忘。在坦桑尼亚和卢旺达界河附近的阿卡盖拉（Akagera），我看到上百具尸体从一座小桥下漂过，河上游有一条瀑布，不断有尸体顺着水流被冲下来，然后被卷入漩涡，真是太可怕了。

我曾见到一些图西族（Tutsi）游击队，他们重新占领了卢旺达的一个地区，与此同时，胡图族人（Hutus）则占领了基加利（Kigali），胡图族得到了法国人的支持，其占领的地区一直延伸到刚果边境。图西族人告诉我，他们有辆车，可以把我送到基加利。我们出发了，车程有 150 千米，路上到处都是残缺的尸体，每当我们停下来休息的时候，都可以看到香蕉树下成堆的尸体。这次我所拍摄的照片非常可怕。战争以种族划分的名义发动，但却有很多其他的原因：长期的贫穷和剥削。对此我早有了解。

我最早去卢旺达是 1971 年为国际咖啡组织工作期间。1991 年，我去那里完成我的报道项目“劳动者”，拍摄那些我帮助建立的以家庭为单位的小型茶庄园。我记得那些从早到晚工作的人们虽然生产着世界上最昂贵的茶，但他们依然入不敷出。1971 年后，由于人口的急剧增加，导致每个人能够分得的“蛋糕”越来越小，这种不断加剧的贫困成为社会毒瘤，胡图族人与图西族人的种族纷争也日益恶化。1975 年，民族共和发展运动（Mouvement républicain national pour le dévelopement，简称 MRND）组织执政，并建立了一个严格的政府。法国依仗与卢旺达以及法语国家的密切关系，为卢旺达提供援助，但他们不是建学校，而是建军营。1987—1994 年，法国定期为卢旺达提供军事设备。所有这些因素都促成一种敌对状态，并最终爆发，造成 1994 年我看到的那场混乱。随后我回到莫桑比克继续与人道主义组织一起工作，但是卢旺达一直令我着迷，我借各种机会不断前往那里。

继胡图族人对图西族人的屠杀之后，图西族人武装占领了首都基加利，多数胡图族人逃亡扎伊尔（现刚果民主共和国）、坦桑尼亚和布隆迪。这是一场灾难，导致 200 万人不得不住在难民营。我看到他们成群结队到达难民营，并试图在那里生存下来。

然而卫生问题接踵而至，霍乱迅速在扎伊尔爆发，由于缺少设备和药品而使人道主义组织无能为力。

我看到那些健壮的普通人、士兵，在几个小时内耗尽自己的一切，像只苍蝇一般倒下。过于拥挤的条件导致流行性腹泻光速般爆发，每天有数千人死亡。由于死亡人数激增，那些摞起来的尸体甚至没有时间被掩埋，于是法国军队开来一辆推土机来挖掘公用墓地。公用墓地挖好后，机械大铲又一次铲起 10—15 具尸体放入坑中，有时会丢下一只胳膊、一个头颅或者一条腿，实在是太疯狂了。幸存下来的人对此仿佛已经麻木，但是我开始感觉到死亡的临近。在卢旺达的 9 个月时间是如此令人震撼，有时感觉自己的思维和躯体都在丧失，后来我体内感染了葡萄球菌，于是我的法国医生命令我务必休息。

几个月以后，我的病完全好转。1995 年，我回到基加利继续报道。我去找我的朋友约瑟夫・穆尼安肯迪，但被告知他与他的妻子和孩子都被谋杀了，我震惊不已。我在第一次去卢旺达时与他相识，当时我是国际咖啡组织一名年轻的经济学家，他是卢旺达的工业文化办公室主任。我们乘着他的大众牌甲壳虫轿车行驶千里，寻找可以建立茶庄园的地方。我们一起交谈、一起大笑，成了好朋友。后来我们又在伦敦见面，我把他介绍给莱利娅，请他来我家，我每次经过基加利都会去找他，并总能得到他热情的接待。他把我介绍给他的妻子时对我说，他自己是胡图族，而他的妻子则是图西族的绝代美女。1991 年，也就是这场战争爆发前的三年半，我去卢旺达做系列报道“劳动者”，我 17 岁的大儿子茹利亚诺也一同前往，当时我已经能够感受到浓重的紧张气氛。

我们试图租车前往基伍(湖)(Kivu)地区那些著名的茶园时，发现国际租车公司都不再租车给那些离开首都的人。约瑟夫·穆尼扬金迪帮我们从他朋友那里租到一辆标致 304 汽车。在前往靠近刚果边境的布卡武（ Bukavu ）途中，我们经过了 16 道关卡。在那里，我拍我的照片，茹利亚诺做他学校的文章。每隔三四天，我们便给租给我们车的人打电话，后来是给他的妻子打电话，再后来，就找不到他们了。回到基加利后，穆尼扬金迪告诉我们，车的主人被杀了，胡图族的警察闯进他家，本以为能找到钱，但并没有，然后就杀害了他。

就在那段时间，约瑟夫·穆尼扬金迪的妻子被第二次关进监狱，因为她是图西族人，因此被怀疑是间谍。我们离开之前，他给了我们一些信件，要我们帮助在德国张贴，那时候，他已经不为政府工作了，而是为德国一家支持发展项目的基督教组织工作。他不敢自己去张贴这些信件，那时我感觉他非常担心自己的命运，但我没有想到这是我最后一次见到他。在卢旺达种族灭绝的大屠杀中我失去了我的这位朋友。

这些知名的茶叶种植园曾令我开心无比，第一次我是和他一起来的，后来我又跟我的儿子茹利亚诺来过一次。但这次故地重游，我却发现，这里所有的东西都被烧掉了，当年辛辛苦苦种植的茶树都不复存在了。在被摧毁的土地上，到处都是遗骨，也许，有些就是我们相识并共同度过了美好时光的人……

奇怪的是，世界上的某些东西是如何在我们每个人的身上留下深刻印记的。作为一名年轻的经济学家，我曾经纵横于卢旺达，寻找到基伍(湖)地区令人难以置信的肥沃土壤；作为一名摄影师，我回到那里创作我的报道系列“劳动者”；1994年，我目睹了一场巨大的灾难；1995年，我再赴卢旺达，见证了难民的回归。在我下一个专题报道系列“起源”（Genesis）中，我拍摄的是戈马（Goma）附近的火山爆发和维龙加国家公园（Virunga National Park）的大猩猩。我去卢旺达出于不同的原因，经历不同的境况，我记不清去那里多少次了，但总是去同一个地方，去那里并没有任何主观意愿，然而我的许多故事都发生在那里——就在基伍湖附近。

卢旺达难民营。坦桑尼亚，贝纳科，1994 年。

面对死亡

一再申明，我在“迁徙”项目的报道中见到过太多的苦难、仇恨和暴力，并深受震撼。但是我对完成这些报道并不后悔，我总是被问起：“面对这种暴行，什么样的照片才算得上是一张好照片呢？”我的回答十分简单：摄影就是我的语言。摄影师不管在怎样的情境中，都不开口讲话。他的任务就是观察和拍照。他通过照片来工作、表达和生存。

我爱卢旺达。我拍摄那里的工人、茶园、公园之美，我拍摄那里的种族灭绝，这都源于我爱那个地方。在那段可怕的日子里，我用心拍摄。我认为整个世界都必须知道这一点——没有人有权隐藏这些悲剧，在某种程度上，我们都对自己所选择生活的那个社会里发生的一切负有责任。

不得不承认，我们所属的这个消费社会剥削了很多人，并且使许多人陷于贫困。我们有责任通过广播、电视、报纸和照片了解那些由于南北半球地区间的某些差异而引发的悲剧，以及由此而产生的系列灾难。这是我们的世界，我们必须承担责任。灾难不是摄影师造成的，而是世界“机能障碍”的症状。摄影师是一面镜子，如同记者一样。所以不要跟我讲偷窥癖，偷窥者是站在一边看热闹的政客和那些在卢旺达对民众进行镇压的军人。他们负有责任，联合国安理会同样负有责任，他们没有能够避免数百万人被戮。

我总是希望表现人的尊严。在多数情况下，拍摄对象是残忍暴力的牺牲品。在被拍摄的时候，他们失去了自己的家园，眼看着自己的亲人被杀害——有时被杀害的还是自己的孩子。他们大多数人是无辜的，完全不该遭受这样的厄运。我拍下这些照片是希望每个人都能知道。这是我的主张，但是我不强迫任何人去看这些照片。我不是在这里宣讲，或者通过唤起大家的同情心而把自己的良知置于事外。我拍下这些照片是因为我有道德和伦理的义务。在这些苦难面前，你可能会问：什么是道德？什么是伦理？它们就在我面对垂死之人，决定我是否应该按下快门的瞬间。

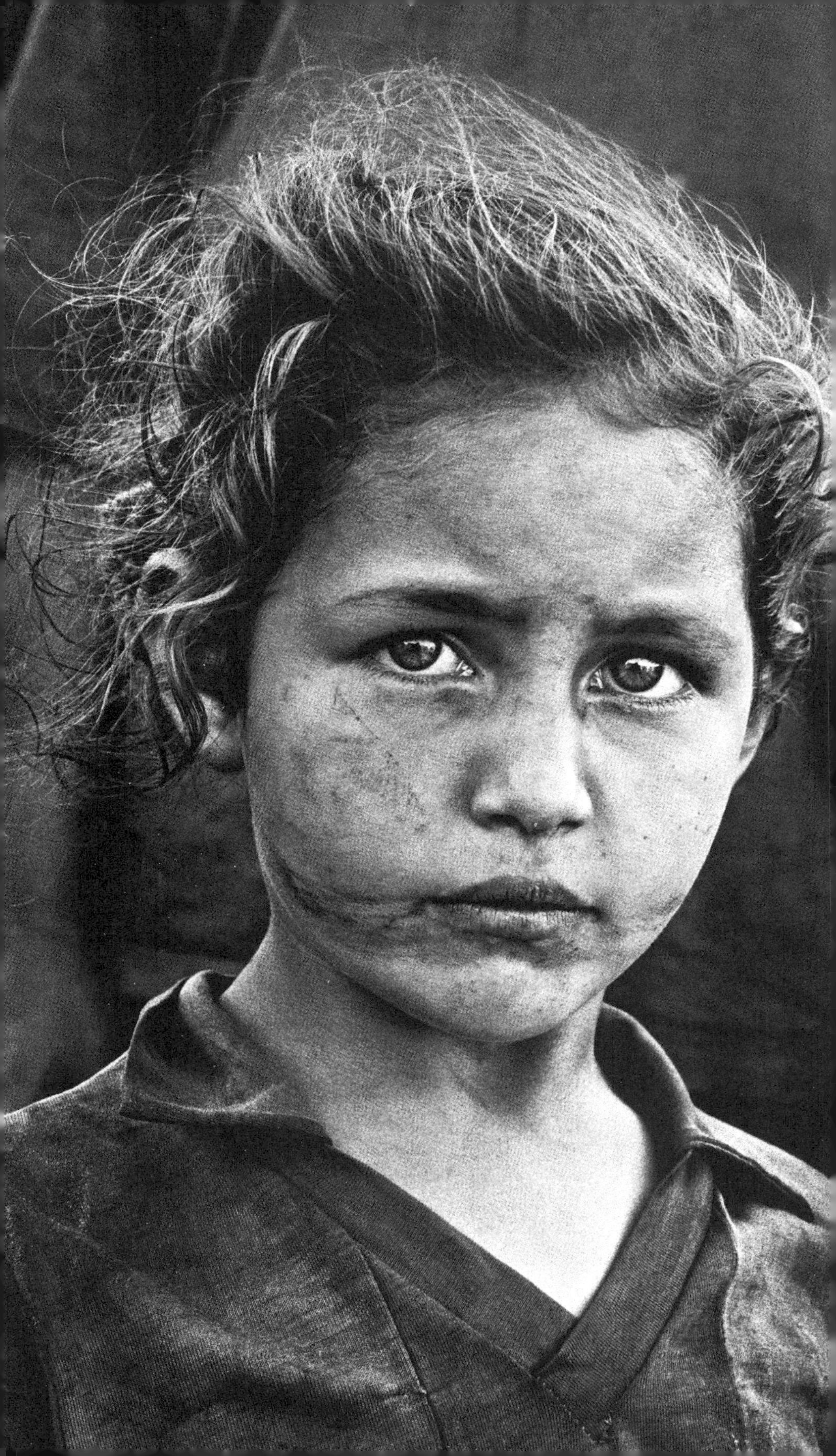

地球研究所：乌托邦的实现

2000 年，我们出版了两本书——《迁徙》(*Migrations*)和《孩子》(*The Children*)。那些被迫离开家园的人都是受害者，他们的孩子也是如此。然而孩子们经常会表现出很强的适应能力，不论身在何处，他们大都能继续他们的游戏，不时地欢笑。但在一些瘦骨嶙峋、伤痕累累或者身患残疾的孩子身上，我印象最深的就是他们的目光。我把这些照片献给“所有看这些照片的孩子们和那些触动我们的面孔”。

我收入《迁徙》中的照片传遍了全世界，在许多博物馆、艺术馆的展示中，在全球出版的杂志上，成千上万的人看到了这些照片。我还举办了一些研讨会，但是那段时间我的身体和精神状况都不好。在那以前，我从来没有想象到人类竟能对同类如此残忍，我无法接受这一切。那时我整个人都很沮丧，心绪深深地跌入悲观的谷底。同样令我绝望的是经济、社会和政治的巨变改变了我们这个星球。我看到被砍倒的树木、毁坏的风景、遭受破坏的整个生态系统……所以我梦想做一个项目，用自身的行动谴责污染和森林破坏。其间我和莱利娅有了一个绝妙的想法，在 1990 年我父母传给我们的那片被毁坏的土地上重造森林。在巴西，我们抛出了这个疯狂的想法，接着，树木开始恢复生机。

对页：巴西，巴拉那州，1996 年。

地球研究所。2001 年。

地球研究所，2013 年。

在 16 世纪葡萄牙人刚到这里的时候，巴西 3,500 千米的海岸线都被大西洋森林覆盖，并向内陆延伸 350 千米，整个森林地区的面积有两个法国那么大。我父母拥有的那块地就是这个生态系统的一部分。随着政治大赦，我和莱利娅回到了故乡，我们发现树都被砍光了，著名的白坚木（Perobas）——橡树的表亲，及其他树种都被砍伐用于当时急剧扩展的城市建筑，抑或为钢铁工业提供木质燃料。由于森林遭到砍伐，雨水直接流走而无法留住，我父母那片原本被草地、稻田和森林覆盖的肥沃土地，现在只剩下躯壳。原本在那里居住的 30 户人家，也只有放牛人还在了。我每次回去，都会目睹破坏程度的加剧。

面临这样的灾难，有一天莱利娅宣布："塞巴斯蒂昂，我们把树重新种起来吧。"我们对此没有任何经验，我们不住在那里，也不知道一棵树多少钱，但是我们决定试试运气。我们去找雷纳托·热苏斯（Renato de Jesus），他是一名专做生态系统恢复工作的著名工程师，我们请他来考察土地状况、土壤条件。不到 6 个月，他给了我们一个方案：重新种植 250 万棵树！同时还要考虑生态多样性——至少 200 个物种要在这里重建生态体系。我们不知道如何去做，也不知道如何能找到经济上的支持，但是我们说："就这么干吧。"这位工程师对重造森林充满热情，他保证我们会得到很多帮助，因为重新建立生态系统是一个很重要的项目。而后我去了华盛顿，参加世界银行的会议。我所见到的人都说这个想法非常疯狂但很有趣，他们将我们介绍给巴西的一些环保人士，那些人基本都在我的出生地米纳斯吉拉斯州，由此我们发现了另一个狂人——米纳斯吉拉斯州公园和森林总监塞利·奥穆里罗·谷

（Célio Murilo Vale），他对此项目极为热心，许诺帮助我们。我们一起在那片完全被毁的土地上建立了巴西第一个国家公园，重造的森林完全是原有的物种。现在，我父母的土地得到了保护，成为一个“私人自然遗产保护区”，不准用于农业和其他用途。起初，我父亲对这个项目有所怀疑，他坚信城里人的乌托邦想法会毁掉我们，但是，当他在 95 岁高龄去世的时候，他亲眼看到了树木重新获得生长。

我们决定尽全力获得该项目的经济支持，本地的矿业公司——淡水河谷公司［现在称“河谷公司”（Vale）］——也是雷纳托·热苏斯工作的地方，也认为我们的想法过于疯狂，但同意帮助我们。我们建立了一个以重造森林为目标的原生树种苗圃，以满足他们的要求，他们给了我们一些小型植物，还调来一些工人由我们支配，当然，他们也提供了资金。提供资金的还有与世界银行合作的巴西生态多样化基金会（Fondo Brasileño para la Biodiversidad），但我们主要的资金来源是巴西联邦政府，以及米纳斯吉拉斯州和圣埃斯皮里图州两个州政府。巴西许多公司和国际组织以及基金会也帮助了我们，其中包括位于法国和蒙特卡罗（Monte Carlo）的基金会、阿斯图里亚斯（Asturias）政府、西班牙的加泰罗尼亚（Generalitat Valeniana）。在意大利，我们得到了艾米利亚 - 罗马涅（Emilia-Romagna）地区、罗马省、弗留利（Friuli）地区和帕尔马市（Parma）的支持。以这样的方式，我们种植了 200 万棵树，重建了 300 多个物种，这还只是开始。我们希望到 2050 年，不仅我们这个地区能完成森林重建，而且还要帮助与我们相邻的大河谷地区种植 5,000 万棵树。

1999 年 11 月雨季结束的时候，我们种下了第一批树。坦率地说，我不敢相信能有一棵树活下来。到 2000 年中期，有些嫩芽长到了 70 厘米。小丛林就像婴儿，实际上，它诞生时，就是一个人。婴儿需要呵护和爱，还要学会走路，但是他已经具有人类的情感了。树木也是一样的，6 个月长到 70 厘米的时候，它们已经具有大树的结构了。昆虫过来吃嫩叶，掉下的树叶被蚂蚁拾起，这已经是一个完整的世界。莱利娅总是说“我们有了一个森林婴儿”，而它已经是真正的森林了。

现在我们有自己的植物苗圃，我们为米纳斯吉拉斯和圣埃斯皮里图两个州提供植物。我们的苗圃一年能提供 100 万棵树苗，100 多种不同的物种。在这里，过去简易的围栏现在已被新建筑所替代，此外，这里还有一个环境教育中心——地球研究所[1]，森林管理员、农夫、市长和推土机驾驶员都来过这里。本地学校的孩子们也会来这里，这里培养他们对森林和环境的早期意识，向他们讲授生态多样化和重建生态系统的重要性。

渐渐地，许多动物都回来了，包括我们森林食物链中最大的动物——美洲豹，它们的回归表明这里有足够的食物，食物链由此而变得完整。现在，这里比我小时候看到的更加美丽。我为这个奇迹感到心醉，没有多久，我和莱利娅就决定用图片故事向世界展现这里的美丽。万物开始它们的生命旅程，源于我们重造了森林，我们正在重建生命的循环。

---

1. www.institutoterra.org

我们询问了世界上最大的环保组织——总部位于华盛顿的保护国际组织（Conservation International），他们负责监测世界上所有的原生地，并且发现全球46%的地区已经得到了保护。虽然人类已经毁坏了一半以上的地区——这真令人难以置信，但是另外一半完整无损，这也很令人振奋。尽管亚马逊热带雨林有一部分被毁，但75%的雨林还在，绝大部分分布在巴西。在全世界，部分热带雨林被毁，但是很大部分得以生存。那些人类难以接近的地区都保护完好，如沙漠和极冷地带。南极99%的地区是处女地，3,000米以上极难开发的地方也保存良好。

渐渐地，经过反复思考和讨论，我们做出了计划，开始寻找资金。我们找到一些报纸和杂志，如法国的《巴黎竞赛》、美国的《滚石》（*Rolling Stone*）、西班牙的《先锋报》（*La Vanguardia*）、葡萄牙的《视觉》（*Visão*）、英国的《卫报》（*The Guardian*）、意大利的《共和报》（*La Repubblica*）。开始，我们希望这些出版物能跟踪8年资助我们的项目，但是有些媒体由于互联网的兴起而发生财务困难，我们不得不去找其他的赞助。我们得到了美国基金会和一些企业的支持，比如我们的巴西伙伴——河谷公司。

重归本源

2002 年，关于系列报道“创世纪”的想法诞生了，这个项目需要非常细致的准备，我要前往地球上未经开发的地方完成 32 个报道，从炎热的赤道到寒冷的南极，从干燥的沙漠到茂密的丛林。从我个人的准备来看，多年的经验让我做好了充分的准备。我准备了 4 个大箱子的必需品，这些物品能够保证我在高海拔 -30℃，或者极潮湿抑或炎热如烤箱的地方生存下来。以往的经验让我知道了什么是最基本的物品，首先是我的摄影器材：我的几部相机，以及很长一段时间跟着我的小箱子——里面安全地装着我的胶卷。

刚开始做“创世纪”的时候，我没有助手。至于我其他的摄影远征，自然也都需要我来扛所有的必备物品。2004 年 1 月 4 日，我出发去加拉帕戈斯群岛做第一组报道时，我独自离开巴黎，但在当地找到了一名向导。2005 年在南极，我乘坐“塔拉”（Tara）号[1]与法国电视一台（TF1）“乌斯怀亚”（Ushuaïa）节目的记

对页：海鬣蜥。厄瓜多尔，加拉帕戈斯群岛，2004 年。

1. 塔拉是一艘帆船，船长是艾蒂安 · 布尔古瓦（Etienne Bourgois），这艘帆船的使命是探索和保护环境。2006 年 9 月至 2008 年 2 月为纪念国际极地年，该船航行在北冰洋上观察与气候变化相关的现象。

者吉尔·凯巴伊利（Gil Kebaïli）同行，他建议我不要一个人在外做采访，因为这种报道有很多安全方面的规则需要遵守。我对他的建议深觉有理，事实上，当我走在冰川上的时候，我感到掉进冰川裂口只是一瞬间的事。他说服我去雇一个助理。回去以后，我见到了雅克·巴泰勒米（Jacques Barthélemy），他是一名山地向导，他教我如何行走、攀登、使用绳索和装备。后来，他在我的许多采访项目中一直跟随着我。

莱利娅和我精心准备了未来 8 年我的旅行计划，徒步、小型飞机、船、舢板，还有我印象最深的热气球。我花了很多年时间记录男人、女人、孩子和他们的日常生活，现在我要去拍摄火山、沙丘、冰川、森林、河流、峡谷、鲸鱼、驯鹿、狮子和鹈鹕，以及丛林、沙漠和冰雪的世界。

我非常高兴能够再次回到非洲，这次不再去目睹那些悲剧，而是记录这个大陆的非凡之美。我还去了撒哈拉沙漠，一些自然保护区，特别是一些海岛，比如我前面提到的加拉帕戈斯群岛，还有马达加斯加岛、苏门答腊岛、明打威（Mentawi）群岛，这些地方的自然环境得到了非常好的保护。我还曾前往新几内亚岛和西巴布亚。我没有专注欧洲，因为那里很难找到人类未曾留有过足迹的自然，而到处可见人类的干预和污染。另一方面，我走遍了亚洲，穿越喜马拉雅山脉，三次前往俄罗斯部分地区。我甚至在南美和北美拍摄，美国有丰富的国家公园，美国成功地保持了与自然的联系，保护了环境。我去了加拿大，然后在阿拉斯加面对地球最北端广阔的寒冷地带。我完成了一次很棒的亚马逊之

南极半岛，2003 年。

旅，还前往阿根廷、智利和委内瑞拉，还去了位于智利合恩角和南极之间的迭戈·拉米雷斯（Diego Ramirez）群岛。然后我去了福克兰（Falkland）群岛、南乔治亚岛和南桑威奇（South Sandwich）群岛，那里有一座活火山和一片大型的企鹅聚居地。对我而言，这些岛屿是在世界的尽头，如同我们巴西人所说："风吹到那里会回头。"在这些形形色色的地方，我看到了难以置信的多样化地貌，每一次旅程都精彩而独特。

这些年如此精彩，带给我极大的乐趣。曾经见证了那么多恐怖的事，现在我看到的都是自然的美景。感谢亚马逊团队，我发现很多照片已经在国际媒体上刊登。2013 年 4 月，"创世纪"项目的两本书已经出版。在我整体项目完成之前，很多展览已经在世界各地许多著名的博物馆开始策划了，从伦敦到纽约，还有巴西、多伦多、罗马、新加坡，当然还有巴黎。莱利娅和我希望向这个星球致敬，尽早唤醒人们保护自然的意识。莱利娅经常跟我一起出行，我们经常被大自然的奇观、被所有生命的形式和数百万在地球上生存的物种震撼得近乎停止呼吸。地球给我们上了一堂关于人性的最好的课程，通过认识自己的星球，我也发现了自己，更加深刻地认识到，我们同属一个整体——地球。

比如，在我的第一组报道中，有一天我在加拉帕戈斯群岛观察一只鬣蜥，这是一种爬行动物，跟我们常见的物种不同。仔细看它的前足，我忽然发现我看到了中世纪骑士的手，它的鳞片让我想到连环盔甲，在鳞片覆盖之下，我看到了跟我自己相似的手指头！我对自己说，鬣蜥是我的表亲，我们可能来自同一个细胞，随着时间的推移，每个物种都会以自己的方式演化，与自己的生态环境和谐一致。这只鬣蜥的照片流传甚广，刊登在各种媒体上。如果照片能够传递这样的信息，我将非常欣慰。总之，在“创世纪”项目中，我想以各种方式来表现生命的尊严和美丽，以及我们拥有相同的起源。与鬣蜥的相遇更好地确认了我们为这个项目想好的题目：创世纪。对我来说，这与宗教无关，而是表明起源中的和谐促成了物种的多样：这是一个我们共同归属的奇迹。

人类的痕迹在哪里

拍摄植物、矿物和动物在我的摄影师职业生涯中是一件新鲜事，因为在此之前，我一直专注社会问题，然而我的这一举措简直是名副其实的冒险和为我上的绝妙的一课。但尽管如此，我也一直没有忘记人类，我只是去了解那些几万年前跟我们人类一样生存在这个星球上的物种罢了。

为了了解人类的起源，我去追踪那些与自然和谐相处的群体。他们不一定是远离现代文明的部落人，比如，在巴西中部马托格罗索（Mato Grossogu）州的兴谷河上游（Upper Xingu）被河流灌溉的一片区域，有一个亚马逊部落，他们有 2,500 人，其语言是阿拉瓦（Arawak）、加勒比（Caribe）和图皮（Tupi）语，那里有 13 个村落，地域相当于两个比利时。这个部落于 20 世纪 50 年代被发现，现在，这些美洲印第安人脚穿人字拖鞋行走，使用大砍刀作为工具，由于有了太阳能板，他们还可以收到无线电信号。每天下午，他们都能用收音机收听巴西国家印第安人基金会（National Indian Foundation，简称 FUNAI）播放的医疗信息。此外，如果他们的护士不足，政府会派飞机把他们的病人送到医院继续接受治疗。他们清楚地意识到自己是生活在多数人之外的少数群体，他们知道世界上发生的事情，了解西方的文明，但是

对页：南苏丹，2006 年。

他们仍然赤身裸体，他们的生活仍然围绕着宇宙和神话中的各种仪式，这种仪式在每个村落之间传递，而且其他村子中的所有成员也都会被邀请参加。

我于 2005 年夏天在这里度过了 3 个月，拍摄了 3 个部落：库伊库罗（Kuikuro）（2 个村落共 450 余人）、瓦乌拉（Waura）（大约 320 人）、卡马尤拉（Kamayurá）（2 个村落共约 350 人）。在这期间，我经历了一些难忘的瞬间。在卡马尤拉，我看到了一种被称为“阿姆利库玛”（amuricumá）的仪式，这是一种女人当权的仪式。根据传统，某一天男人出去打猎，然后被一种魔法变成了“猪”，待到他们归来时，女人会像对待猪一样抽打他们。接下来就由女人“当政”，组织部落里的人捕鱼（鱼是他们的主要食物），或者开展其他活动。这个仪式会持续一个月，在此期间，女人发号施令，男人则辅佐“当政”的女人，仪式过后，生活又回归正常。

在库伊库罗和瓦乌拉，我目睹了他们准备“库阿鲁普”（kuarup），这是他们的葬礼仪式。在我小的时候，每当看到这些画面，或者在杂志上看到描写这类仪式的文章时，我都会做梦。我一直想亲眼看到。他们对死者的致敬会持续一整年，但高潮是在最后 3 个星期。在最终的典礼到来之前，整个部落里的男人、女人和孩子都会离开村子出去捕鱼两周，以准备足够的食物供给应邀参加仪式的其他三四个部落的人，也就是说其参与人数大概能达到 1,000 到 1,500 人。我们坐上他们的船向湖上进发，只有老人和狗留在家里。他们还在渔场旁边生起火来，将捕获的鱼马

兴谷河上游地区。巴西，马托格罗索州，2005 年。

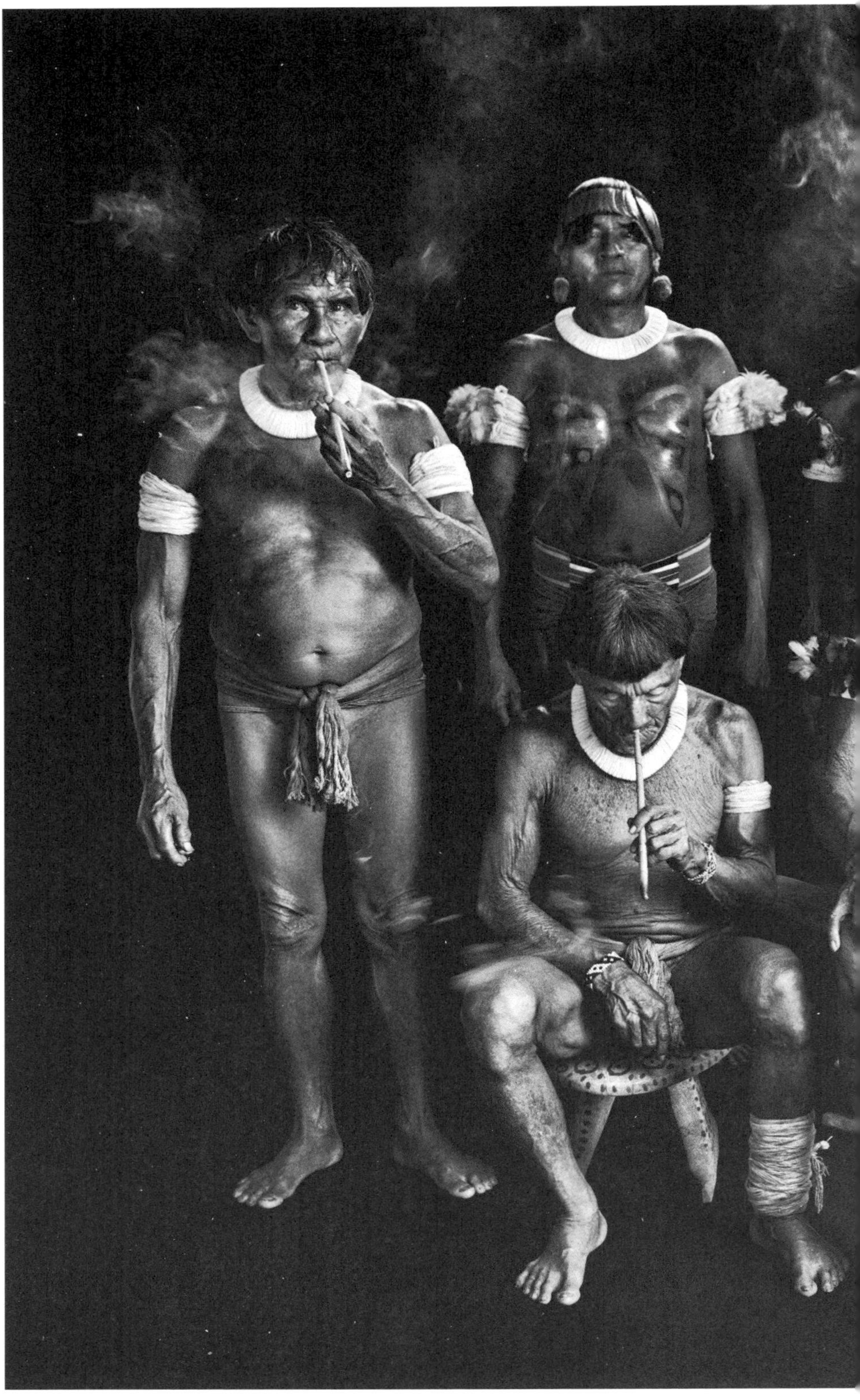

兴谷河上游地区的卡马尤拉巫师群像。巴西，马托格罗索州，2005 年。

上加以熏制，以便保存，然后用厚树叶把鱼裹起来，做成大约 30 千克的包裹。当他们认为已经捕了足够多的鱼时就会回村，这时，家里已经准备好了木薯粉——他们的主要食物。当客人应邀而至，他们就会拿出鱼和木薯粉来款待客人。每个应邀而来的部落也都会带一些香料和盐，这些调料来自于某种树叶烧过后的粉末。

然后他们来到森林中准备就寝。毫无疑问，所有美洲印第安人都睡吊床。这时，他们放置吊床的地方已经被清理好。印第安人在离开驻地时，不管是打鱼还是狩猎，都会随身带着吊床、弓、箭和所有捕鱼的装备，印第安人知道什么是基本装备。那些天，我也睡在吊床上，我可以在吊床上睡一辈子（事实上，我在巴黎的公寓里有好几个吊床）。绝大多数巴西人都接受了这种土著文化，现在巴西北方和东北部地区数以百万计的人都睡在吊床上。

真正的库阿鲁普典礼非常美，他们从树上取下一个挂在树上刻有人名的牌子，这棵挂有名牌的树代表着一年前去世的亲戚。典礼由巫师主持。典礼开始时首先由一些男人砍下一棵库阿鲁普树，将象征死者的树干搬到一块空地上，然后所有人围坐在那里。这些人会献出一件件死者生前喜欢的物品，然后大家开始恸哭，并围着树干跳舞，这是回报死者生前所给予的爱的一种方式。这样，死者也得到了他生前带给身边人的那份快乐，同时他也看到了生者为他的离去而悲伤不已。两三百人在一起跳舞，乐师们奏着音乐，这声音很像瑞士的阿尔卑斯号角。

10 天左右的唱歌、跳舞、流泪和欢闹接近尾声，每个人的情感都得到释放。接下来，他们会举行一场比赛，如同罗马竞技场上演的那种格斗。十几对夫妇参加角力，当然，这其中不可避免地会有人受伤。最后，那些献给死者的礼物被分给众人，库阿鲁普树干被抬走扔到水中，悼念仪式结束：死者的灵魂被带走。这些仪式含义丰富，情感强烈，我被允许出席，实属特别待遇。

塔瓦利亚（Towari Ypi）的佐埃（Zo'é）部落村庄。巴西，帕拉州，2009 年。

尊重本源

如同完成其他亚马逊土著人的项目一样，这组报道我用了很长时间来准备，还与人类学家和国家印第安人基金会进行了沟通，国家印第安人基金会的上级是巴西内政部。基金会和土著事业的支持者们经常受到批评，有人谴责他们好像最了解印第安人的需求，可以决定在其要保护的印第安人的领地上做什么。但是不可否认，国家印第安人基金会对那些或多或少受到一定威胁的少数部落发挥了重要作用。他们是这一成功事业的主要责任者——巴西是全球唯一一个国土面积中 12.5% 是印第安人领地的国家，这些领地得到法律的保护，其面积是法国的 1.5 倍。

过去，亚马逊很多部族被迫离开他们的土地，其他的，如 20 世纪 50 年代早期发现的兴谷河上游地区的部落正在向马托格罗索州靠近城镇的地方迁移。作为狩猎部落，他们对农业毫无概念，对城镇毫无概念，他们迅速成为马克思所说的“流氓无产阶级”（lumpenproletariat）。于是他们中的许多人沉溺于酒精，还有许多人死于贫穷。也有些人回到他们祖先的土地上重拾传统，回归他们原本的生活——尽管不是完全一样的生活。但不管怎样，他们重新找回了他们的语言、生活、文化和历史。他们重新获得了对自己命运的掌控。

自从“左翼”于1995年在巴西执政以来，少数民族的状况有所改进。许多土著人的土地被划定，并被合法化。土著居民有时会获得政府的认可，将那些非法占据他们土地的农业人口逐出。2013年6月，我与国际生存组织（Survival International）和国家印第安人基金会做了一组报道，谴责那些侵入土著居民领地的农业人群，以及他们偷窃木材的行为。那些土著居民的领地和树木也是受巴西政府保护的。另外，兴谷河支流被附近大豆农庄使用的杀虫剂和化肥所污染，森林砍伐破坏了当地的生态系统。还有，上游建立的水电站改变了河水的流量，目前正在建设的贝罗蒙特大坝（Belo Monte Dam）就在兴谷中部，它将对热带雨林、河流和土著居民的生活产生巨大的影响。大坝的建成，将会成为我们这个时代一个巨大的生态罪行。

如果没有国家印第安人基金会，有些部落也许会消失。比如佐埃（译者注：词的字面意思是“我们”）部落，2009年，我曾去过那里，那时他们大约有278人，属于大西洋沿岸图皮—瓜拉尼（Tusi-Guarani）语系的少数分支，但是佐埃部落远离海洋：历史上的某个时期，他们被迫迁往热带雨林，从此再没有回去。16世纪，耶稣会士曾在一些书中提到他们在离亚马逊河不远的地方生存，但之后就杳无踪迹了，直到最近才被重新发现。这个部落人的特征非常明显，绝不会被搞错——他们下嘴唇和下巴之间有个木饰。1982年，一群传教士来到这里，声称要把那些“迷失的灵魂”带回到上帝那里。国家印第安人基金会随之进行干预，在联邦警察的帮助下，他们驱逐了那些传教士和他们带来的东西。除了这次跟外界的联系，佐埃部落一直与世隔绝，只是偶尔有限地接受外界白人的访问，如同我的前往。

国家印第安人基金会只为那些经印第安人同意的访问进行授权，但是因为印第安人缺少对传染病的经验，所以该基金会对到访者还有严格的卫生规定，以避免外人将疾病传给印第安人。在访问之前，访问者还需要完成一系列测试，接受一些行动建议，比如，不要给当地的孩子们糖果，因为土著人的牙齿极为健康，如果吃了我们给的甜品，他们可能会很快患上蛀牙。国家印第安人基金会还会介入与部落的谈判，他们决定让我们送给部落一些东西以换取访问的机会。比起直接给钱，印第安人通常更喜欢礼物，有的印第安人想要船用马达，有的则需要一种被称为“misangues”的东西，这是一种小型的珍珠，他们用来做饰品。我们给他们带了这些他们想要的东西，但是印第安人警告我们：他们要最好的，要捷克共和国出产的。

我在佐埃部落待了近 2 个月，同行的还有巴西利亚大学的语言学家安娜·苏利·阿鲁达（Anna Suely Arruda），她帮我与部族人沟通。我在当地交了一个朋友——雅珀（Ypo），我很崇拜他，我们一起在丛林中游走。他在捕蛇方面无人匹敌，他的箭从来不会射失目标。他对我的瑞士军刀很着迷，但是国家印第安人基金会的若昂（João）建议我不要给他们任何东西。我跟雅珀解释说，如果我把我的刀给了他，若昂就永远不会允许我回来见他了。他回答说：“那好吧，那就当你离开后，飞机飞过森林时，把刀扔下来给我。我知道飞机从哪里过，我会找到的。”我觉得这简直不可思议，但是他感觉他可以做到，甚至于后来我几乎也肯定，

巴布亚新几内亚，西高地省，2008 年。

如果我真的把刀从飞机上扔下去，他一定能找到。不过我没有这样做，没人知道什么是对部落好的东西，我决定遵守国家印第安人基金会的规定。我的任务不是评判，也不是做人类学调查。

2012 年，我踏访后不久，佐埃部落消失了，他们离开了村庄，只有走不动的老人留下。他们在热带雨林中走了 300 千米试图接近传教士和像我这样的白人提到过的城市世界。我得知他们后来又回去了，这一次，没有人替他们做决定，他们只是希望回归自己的生活方式。

这些人的温柔令我着迷，暴力和打斗对他们来说是陌生的概念。更令我吃惊的是，他们从来没有撒谎的经验。我不知道是谁或哪一种文明发明了谎言，佐埃部落的人从不撒谎。当他们彼此产生误解时，争议的双方爬上树干，每人占据一边，各自的支持者位于他们身后。双方各自陈述自己的主张，一方对另一方的主张提出更正和澄清，然后另一方再作回答，就这样来来回回地进行，如同驱魔的仪式一样。最终，误解消除，意见达成一致，接下来是庆祝和解。在这个部落里，“不”是不存在的，强加意见的情况也不存在。我意识到这一点是通过自己在此的一次经历：有一天我在拍摄一群妇女和孩子，有个孩子不停地闹，甚至一度怒不可遏，我祈求安娜·苏利跟孩子的母亲讲，让他安静下来别闹了。安娜跟孩子的母亲讲了几句，然后有些尴尬地向我解释：“塞巴斯蒂昂，他们不懂什么叫训斥，他们不知道怎么说‘不’。”

那里所有的人都裸体，如同人类初始的样子。他们知道相机是干什么的，他们在相机前摆各种姿势。由于我的工作性质，他们感到自己是被观察、被关注的对象，并为此而感到骄傲。他们熟悉自己的形象，因为他们曾见诸水中的倒影。当那些传教士被赶走时，佐埃部落的人请求国家印第安人基金会允许他们留下一样东西，就是那些西方人让他们发现自己，并且他们自己再也离不开的东西——镜子。除此之外，他们不羡慕我们世界的任何东西。他们有自己的药典，知道抗生素和消炎药。我们有工业化的流程，开发了合成产品，但是他们掌握所有基本的东西。所谓的弹道学原理对他们来说也并不陌生，他们将羽毛以不同的方式粘在箭上来控制其射程——是要射向远处还是射向某一个具体的目标。我们用数学推论解释，而他们也用自己的方式得到同样的结论。他们是多夫多妻制，但他们精确的血统体系避免了近亲血缘，或者说，他们拥有科学知识，有一套复杂的社会体系。尽管他们有各种典礼，拥有伟大的智慧，但他们不相信上帝，不追随超信仰，不奉行任何宗教。他们有很强的团结意识，他们很博爱，爱自己的孩子，他们与我们在各方面都很相似，但他们就像我们一万年前那样生活着。他们与我们之间有所区别的是与自然的关系。

如同我在“创世纪”项目中遇到的所有人，他们对自己所处的环境有完美的了解。城市化以后，我们不再了解树的名字，不再关注动物的交配季节，对自然界的循环浑然不知。在欧洲，从农村到城市的迁徙持续了几个世纪，而在巴西，这一进程仅用了50年，人口比例从90%的农村人口变成了90%的城市人口，这种残酷的转型割断了人与自然的联系，这一现象在全世界随处可见。

我的数码革命

在“创世纪”项目过程中，我从传统胶片摄影转为了数码摄影——这是一次真正的革命，特别是对这个项目来说，因为这个项目使我面临着两大挑战：首先是拍摄我以前从未拍过的东西——风景和动物；其次就是改变了胶片尺寸。我开始使用成像尺寸为 6×4.5 厘米中画幅相机拍摄，以确保照片在大幅展现时能有更好的质量。2004—2008 年，我使用的是宾得 645 [1]，在此之前我用的是成像尺寸为 36×24 毫米的徕卡 135 相机。中画幅不仅仅是相机大小和重量的变化，更是整个景深的改变。中画幅相机处处与 135 相机不同，它要求你要更多地运用光圈。所使用胶片的尺寸和比例也不同，中画幅相机拍摄的照片更方一些。我在用这种相机时拍摄的地平线经常是斜的，但这在我使用徕卡 135 相机时从未出现过。

使用 36×24 毫米规格的相机时，我用 Tri-X400 胶片；而使用中画幅相机时，我用的是 Tri-X pan 320 胶片，是这个系列胶片

1. 645 相机使用的胶片尺寸通常为 56×41.5 毫米。135 相机使用的胶片尺寸通常为 36×24 毫米。

的另一个版本[2]，它是专为影棚和婚礼照片设计的，有光的时候还好，但是在热带雨林这种环境里用它拍摄就会很难。所以我面临的情况是，胶片尺寸比原来大了3倍，而且质量没有以前的好，由于原材料成本上升，胶片的成分也改变了。由于银的成本上升，感光剂中银盐的含量就降低了，从而导致成片的灰度范围大大减少。我与两家巴黎的实验室——影像实验室（Imaginoir）和菲利普·比奇利（Philippe Beachlier）实验室，一起研究新的特别冲洗方法，以改善成片灰度范围减少的情况。影像实验室改变了柯达D76显影液的传统化学配方，菲利普和我也在德国中部找到了一种新的显影液（Calbe A49）。总之，这是一个极为微妙而复杂的过程。

“911”事件颠覆了摄影师的生活。各地机场设立的电子安检设备，让摄影师携带胶片旅行成为噩梦。当胶片从X光安检设备过三四遍后，其灰度的范围就会大受影响。我在推进报道计划时，机场的安检也在一点点加强。出发前的一星期，我和雅克开始担心。我是要去世界的另一头，在条件艰苦的地方拍摄，我知道我的胶卷没有保证，每次出行，我都把600个胶卷放在一个小箱子里，使之成为28千克重的手提行李。每一次我都要与机场安检人员争执，尽管我有巴黎竞赛画报社和柯达公司给我开具的需要手工安检的证明。但为此，我不知错过了多少航班，因为安

2. 柯达Tri-X胶卷有两种版本：320感光度和400感光度。400感光度的Tri-X胶片为36×24毫米规格的相机和中画幅120只能拍16张照片的宾得645相机所用。中画幅220相机可以拍32张。220相机只可使用320感光度的Tri-X胶片。这是柯达在2010年以前生产的。

检人员不听我的解释，我只能直接去机场办公室提要求。最后，这事变得极为复杂，我甚至一度要放弃我挚爱的摄影。但与此同时，数码摄影的发展有了很大的进展，我开始考虑这一选择。

菲利普·比奇利是我的摄影师朋友和优秀的数字影像专家，他向我保证用最新的数码单反相机可以拍出绝对高质量的图片。2008 年 6 月，我们开始做一些对比试验。佳能（Canon）公司借给我一台最精密的产品——1Ds Mark Ⅲ。看到极佳的影像效果后，我意识到我可以转用数码了。接下来的主要问题是在硬盘上保存这些影像。在近两年的时间里，我和菲利普实验室的印刷专家瓦莱丽·胡（Valérie Hu）、奥利弗·贾敏（Olivier Jamin）以及杜邦（Dupon）实验室一起近乎疯狂地工作，最后，我们找到一种从数字文件中得到 4 × 5 规格的黑白底片[3]的方法。这些底片质量极好，这样我们可以继续从数字文件中得到底片进行明胶银盐印刷。我们避免了底片保存问题，整个行业现在还没有解决这一问题。

我不会编辑，即不会在电脑屏幕上选片。我从未在电脑上工作过，数码摄影没有改变我的工作方式。我现在与从前工作的唯一区别是，我不再背着原来那 28 千克重的胶片箱子，而是携带 700 克重的储存卡旅行了，它完全不怕 X 光。我从来不带电脑或者硬盘，我总是从取景框中观察拍摄。回到亚马逊时，我们把照片小样在喷墨打印机上打出来，然后像从前一样，用放大镜仔细

---

3. 4 × 5 英寸底片大小大约 10 × 12 厘米。

观察，而后阿迪瑞·布伊隆（Adiren Bouillon）做出一些 13 × 18 厘米大的样片，我和弗朗索瓦丝·皮法尔（Françoise Piffard）初选，负责小样的马西娅·马里安诺（Marcia Mariano）来协调，瓦莱丽和奥利弗印出 24 × 30 厘米大小的样片。我从胶片到数码的变化主要来自团队的支持。这其中最大的变化，是印刷的质量更好了。

以前，我用自然光拍摄很难获得完美的照片。在放大机上，曝光只有那么几秒钟，也很难得到完美的照片。现在完全可能了，打印机可以在拍摄的影像中的每一处进行后期加工。技术进步的另一个优势是，我可以在极暗的光线下工作，只需增加感光度即可。如果我 20 年前就用数码相机拍摄，我得到的好照片可以是原来的 2 倍以上。从前我在室内拍摄的 95% 的照片都无法使用，因为我拍的是正在移动的人。从前使用 1/4 或者 1/2 秒的快门速度拍摄移动的人，很难获得清晰的图像，而使用今天的设备，我做到了。

同时，数码摄影技术的推广使用减少了对环境的污染。以前每天都有成千上万升废定影液被倒掉，现在有了电脑和打印机，这种污染被大大降低了。

穆尔西和苏尔玛妇女。埃塞俄比亚，2007 年。

沿着希巴女王的足迹

在对埃塞俄比亚高原的报道中，我第一次使用数码相机。从拉利贝拉古城（Lalibela）到瑟门山国家公园（Simien Mountains National Park），这可能是我一生中最美、最有趣的一次旅行。但在去之前，这对我来说是一个挑战：还没有人进入过那个未知的领地，据说那里很危险。我要去吗？如果我跌断了腿，或者被蛇咬了，谁来帮助我呢？

2008 年秋季，我在山里徒步走了 850 千米，要接近这里别无他法。在 55 天的时间里，我不是在路上而是在山间小径上行走，这些小径并非人工开发，而是几个世纪以来被人反复踩踏出来的。这里没有地形学的记录，在此我曾 3 次爬到了海拔 4,200 米。这里最低点是海拔 1,000—1,500 米。当登上那些高峰时，我感觉自己在穿越历史。

我曾被告知不要相信当地的土著人。我们出发的时候，有一支小商队——骡子和驴载着我们的用品，两名带着卡拉什尼科夫（Kalashnikovs）冲锋枪的保镖。在那里，除了那些第一次见到白人——还是一个秃顶白人——而有些害怕的小孩，我们在各处都受到热烈欢迎，于是我很快就把保镖打发走了。每隔两天，我就用我的卫星电话与瑞士的“地理发现”（Géo-Decouvérte）联系，这是一个为科学家设计旅程的专业组织，我们一起精心设计了这次行程。我每次都向他们报告我的 GPS 位置，他们会告诉我方向是否正确。

我的埃塞俄比亚向导马尔科姆（Malcolm）是一个了不起的人，我们曾经一起度过了非常欢乐的时光！他是一个农业工程学家，认识我在“地理发现”组织里的朋友，他也是一名远足探险领队，但他从来没有走过这段路。此外，还有一名埃塞俄比亚的马拉松选手跟随着我们，他帮我背摄影器材，因为如果用驴来驮太过颠簸，会对器材造成损伤，而我则自己背着机身。我们还扛着太阳能板，它很轻、很灵便，可以为相机电池和其他储蓄电池充电。每到村庄停下来，我都会为我的相机、手机和电动剃须刀充电。自 1994 年以来，我每天都要剃头，因为我留胡子和长发那些年，在野外工作时总是招惹太多寄生虫。换句话说，在能源方面，我可以自给自足。

我们一天走 20—30 千米，经常在松动的石头上行走。那里海拔高的地方会冷得要命，在海拔 1,500 米左右的地方会暖和一些。我们经历了下雪，又穿越了荒芜的土地。有时我们四五天都很难洗上一次澡，当发现溪流时，我们每个人都会跳进水里，在那洗洗衣服，休息五六个小时，等到衣服晾干了再上路。虽然很艰辛，但已是不错的生活。在某些地方，我们得知我是第一个踏足那里的西方人，本地人不记得有任何白人来过。我仿佛置身于一个令人难以置信的犹太教—基督教的世界，如同《新约》中描

玛琪娜·利德塔·玛丽安（Makina Lideta Maryan）基督教堂。埃塞俄比亚，2008 年。

述的那样。

埃塞俄比亚人属于闪米特族，他们认为自己是希巴女王（Queen of Sheba）和所罗门王（King Solomon）的后代。他们为自己国家是非洲唯一没有被殖民地化的国家而自豪。许多埃塞俄比亚犹太人（法拉沙）于 20 世纪 80 年代离开这里去了以色列。有超过 60% 的人口是基督徒，30% 是穆斯林。埃塞俄比亚人基督教化是从 4 世纪埃扎纳（Ezana）国王改信基督教开始的。那时，基督教人神合一的单一性灵论[1]徘徊在东方正统教派的边缘，我甚至有那种回归基督教传统根源的感觉。

有那么两三回，我们抵达村庄时已经筋疲力尽，这时村里的女人会出来迎接我们，她们脱掉我们的鞋子，用一点水给我们洗脚，然后抚摸并亲吻它们。我们感觉像耶稣在福音书中的场景，非常动人。每一次我们都收到礼物、食品和其他东西。我们在路上什么都不缺，我们所带的 18 头驴都驮满了意面、麦片、吞拿鱼罐头、再制干酪和其他食品，以保障我们可以吃上好几个月，因为我们本以为路上根本找不到东西吃。但是我们到处都受到贵宾一样的欢迎，我遇到的人们都极为慷慨，令人感动。

我目睹了穴居教堂的庆典仪式，它仿佛把我们带到了地球的心脏、时间的伊始、人类的黎明。他们的弥撒如同吉兹语（Ge'ez）

1. 基督一性论派认为，基督只有单一的神性，而正统的拜占廷教义则认为，基督既有神性，又有人性。

中的长串经文，闪语族的礼拜仪式语言，将有 200 多种方言的阿比西尼亚人的语言统一起来。尽管我已经做好了心理准备，但没想到那场景还是非常壮观。另一方面，这次旅程揭示了一个以前我从来都想象不到的事实：我们反复读过并研究过埃及的历史，可没想到那些养育了埃及人的肥沃土壤竟来自埃塞俄比亚高原。我们自己的文明和宗教起源的法老文明，是埃塞俄比亚高原的沃土养育的。这听起来令人惊叹，但是我发现了尼罗河流域肥沃的秘密。

淤泥来自于这些山脉，长期的地质侵蚀使土层滑落，周围变成山谷，形成像美国科罗拉多高原中那样巨大而深壑的峡谷。雨水将泥土带到溪流，最终流入特克泽河（Tekezé River）。特克泽河是蓝尼罗河最大的支流，在苏丹与白尼罗河汇合之后，形成尼罗河主流。在这些大峡谷面前，我想表达深切的感激之情，感谢那些创造人类文明的人，感谢他们对历史的贡献，使我在童年时有过如此多的梦想。手捧泥土，我感慨万分，那些石头是我们这个星球命运中的一部分，我知道矿物在这个星球中有它们自己的位置和用处，抚摸着泥土，我告诉自己，这也是我自己，我们同是这个星球的一部分，我们经历了同样的历史。

我深深地感到，我与地球没有太大的区别，正如我与加拉帕戈斯的鬣蜥没有太大的区别。“创世纪”告诉我这世上的一切相互联系，一切都有生命。“创世纪”是我对自然的情书，但同时我也没有忘记人类，人类也是这壮丽自然的一部分。

黑白照片的世界

尽管我在“创世纪”中拍摄多姿多彩的自然，但我并没有放弃黑白摄影。我不需要用绿色来表现树木、用蓝色来表现海洋或天空，我对颜色的兴趣不大。我以前也拍摄过彩色照片（那些主要是为杂志拍的照片），但是有各种局限。首先，在数码摄影诞生之前，彩色照片的拍摄参数非常严格，而黑白摄影则不然，它可以承受过度曝光后，在暗房冲洗的过程中进行调整，以找到你在拍摄中的那种感觉，但在彩色摄影中就完全不可能。

在彩色传统胶片摄影中，我借助幻灯片。我们用一个灯箱看片，只留下最好的。但也有一个问题，流程是不连贯的，令人厌烦。而在黑白摄影中，你用胶片拍摄，胶片上的照片小样上完整地呈现，这一顺序是连贯的，即使是出了问题的照片，也能在这个顺畅的流程中保持故事的连续性。

在我编辑黑白照片小样时，我发现自己会重新经历拍摄时的感觉。我记得在编辑我的报道集《另一个美洲》（*Other Americas*）时（那时我还自己洗印照片），我病倒了，筋疲力尽，而我在这段拍摄期间患了肝炎，真是命运相连。连续性理念对我非常重要，数码相机可以实现，它可以精确地记录时间，精确到每一次拍摄的百分之几秒，完整恢复事件的过程。照片小样在我摄影中的作用至关重要，我保留着它们，它们记录着事件的顺序，也是我 40 年摄影生涯的见证。

在传统胶片摄影时代，我使用柯达克罗姆（Kodachrome）胶卷时发现蓝色和红色如此漂亮，以至于色彩可以比照片中其他的感觉情绪更加重要。而在黑白摄影中，其整个范围就是灰色，这样，我就可以更集中关注照片中的人，关注他们的态度、目光，而不会被色彩问题干扰。当然，现实并不是这样。但是我们看一张黑白影像时，它会进入我们的内心，并能更好地理解它，且下意识地为它赋予色彩。黑白影像就是这样被观看者吸收和占有。我发现了这种非凡的力量，因此我毫不犹豫地选用黑白摄影来表现对自然的崇敬。这样的拍摄方式能够最好地表现其个性和尊严。要想用拍摄人和动物的方法表现自然，那么你必须热爱和尊重它。对我来说，这一切都来自黑白，这是我的喜好、我的选择，但同时也是我的局限和问题。特别是在南极和西伯利亚，我会发现整个世界都是白色的，如果太阳懒一点，藏在云里，那么影像就难以很好地表现出来，必须在后期洗印时提高对比度、降低曝光率。不过，我觉得结果显得非常美丽。

克卢恩国家公园和保护区。加拿大，大角河，2011 年。

亚马尔半岛，北极圈中的涅涅茨人和他们的牲畜。俄罗斯，西伯利亚，2011 年。

涅涅茨人

2011 年，我在北极圈拍摄“创世纪”，接触了西伯利亚最大的族群——涅涅茨部落，他们是游牧民族。那里冷到极致，达到 -30℃至 -40℃，那里的环境对于摄影来说，极其优美，但却十分艰难——特别是对于我这个生在热带国家的人来说。雅克比我更能忍受寒冷。

我们要穿过世界上最长的河流之一鄂毕河(Ob),它流经5,400千米。准备过河的时候，我们已经在极冷中走了很远。那是艰难的一天，对驯鹿来说也很艰难，但是我知道我不能错过这次机会，这是我们旅程的高潮。与此同时，我们走在一马平川的平原上，天空是一片白茫茫的，没有什么阳光，似乎一切都不那么好。

我曾计划拍摄几个空中的镜头，我们事先联系了政府的直升机——一架巨大的 M18 直升机，5 吨的载重。由于距离和油料的原因，我只有 45 分钟的拍照时间，所以一切都要精心准备。我非常紧张，雅克更紧张，而且病了一晚上。我们必须保证驾驶员同意打开舱门，还要确保所有的防护设施到位，以便我可以站在舱门边上安全地拍摄。此外还需保证电池要正常工作，所有设备都能承受得住寒冷和强风。我还担心我的眼睛能否受得了，在过去两个月我因为冻伤而患了一种面部麻痹症。直升机一到，我们就登了上去，很幸运，一切都很顺利。在这类情境中，不完美也是“游戏”的一部分。对所有偶然情况的预计和控制方案，在这种艰难的瞬间中给了我们极大的力量和乐趣。你会感到自己仿佛被一个更大的力量托举着，那个力量超越了我们自己，这也有赖于我们事先的精心打造。

涅涅茨人生活在令人难以置信的严酷气候中，那里严重缺少基本生活必需品。去之前我很为自己日后在那里的生活担忧，担心自己什么也没有，因此为自己做足了准备，然而到了那里后，我发现我为自己和整个旅程准备的物品远远超过他们所有的物品。每天天色渐晚时，乘雪橇长途跋涉的涅涅茨人停下脚步，支起帐篷——他们管这种用驯鹿皮做的帐篷叫切奥姆（tchoum），在切奥姆里，摆放着他们所有的家什。第二天一早，他们迅速拆下帐篷，将所有物品再次装上雪橇。他们带的东西要尽可能地轻便，以免累坏驯鹿。这些生活在极其寒冷环境中的人们虽然仅靠为数不多的东西生存，但是他们的生活和我们的生活一样，甚至比我们的生活更加紧张、丰富多彩和充满激情。我们时常为保护自己而被各式各样的物品所累、所牵绊，由此忘记了欣赏生活、享受生活本身；我们不再关注自然和其他人，我们将自己关在社群之外。这让我深深地担心——最终所有的技术会导致我们更加与世隔绝。物质的进步得以使我们每个人在自己的“小角落”里独自做更多的事，然而人类的历史是我们这个群体的历史，可相反的是，我们将自己与之隔绝，成为个人主义。没有人能说服我认同个人主义有益，犬儒主义也一样。

这不是倒退，没有人希望抛弃现代生活的舒适，实际上如果没有相应的发展，历史上很多东西都不会出现，但是，我们也不应该失去做人的基本原则，不应失去我们的本能和我们的精神。直到现在，我们生命的基石仍然建立在集体意识和精神寄托之上。我要把这种理念放在我的照片里。我从来没有以个人主义者方式进行工作，没有偷拍过别人的影像。我一生都在拍摄人，但是没有卷入一起法律纠纷。我曾经在不同情况下有限度地拍摄人，但是我从未觉得自己是偷窥狂。此外，随着“创世纪”的诞生，我意识到自己真的是太老了。

我一直觉得我属于一个族群，并被带回到了 5,000 或 10,000 年前，这在许多方面令我感到安慰。不论我们是在讲涅涅茨人、阿比西尼亚人、佐埃人、辛巴族（Himba）人，还是在讲新几内亚的巴布亚人，所有我遇到的那些男人和女人都跟我没有太大的区别。我们对于爱、快乐和幸福——或者说是生命中所有重要的东西，都有着同样的理解和态度。

与那些还在像我们祖先一样生活的人们共度一段时间，我还发现了我们这个世界得以存在的重要原则。为了满足大众的需求，工业社会将人类起源之后获得的知识和技能系统化。我前面提到了部落里的药典、弹道原理和熏鱼的方法，我们可以从这些部落中的族人身上获得大自然和资源消耗方面的知识，这些知识已经被西方人遗忘太久。那些所谓的“原始人”知道，土地多次耕种后，要让它休息。巴西国家印第安人基金会的人告诉我，印第安人离开一个地方以后，要等 100 多年后那里土地重生了，才会再次回去。

我不觉得跟这些“原始人”相比，自己有任何优越之处，我访问他们的时候也从来没觉得自己是外人。相反，我发现了他们身上有一些与自己相通的地方，坦率地讲，他们教给我的东西比我教给他们的要多。我们在那里与他们进行文化交流，还和一些人成了朋友，比如，兴谷河（Xingu）地区伊库罗（Kuikuro）部落的首领艾夫卡卡（Afukaka）。我跟他一起生活了一个多月，离开的时候，我觉得他是我一生中见过的最好的人。成为他生活中的一部分真是一段令我兴奋而愉快的经历。

如前所说，这些部族的人对自然有广博的知识，印第安人能感觉到美洲豹的气息，还能看到蛇正在逼近我们，而我看不到也听不到任何东西。不管多高的树，他们都能爬上去；他们能赤足或几乎赤足走到任何地方，而我穿着超精密设计的户外鞋却走得依然很费劲。在喜马拉雅山走了一天的下坡路以后，我发现我的一个脚趾甲变蓝，不能再继续后两天的行走了。为了能够继续前行，我不得不割断鞋底，设计了一套新的“行走装备”，以便我能跟上当地向导的步伐。

人本来都是一样的，但我们如此不同的生活方式，使我们的身体不再一样。与自然密切接触的人群，他们的脚是三角形的，他们的行动更加敏捷，脚趾抓地更牢且能有效防滑。我们几百年来一直穿鞋的脚更长更细，已经无法抓地。同样，饮食习惯也使我们的身体发生了变化。西方人变得太胖了，在我刚到法国的时候，那里的人可比现在苗条……

最后我想说，这 8 年来，我给自己最好的礼物就是与如同千百年前一样的人类相遇。这段经历教给我在千年时光轮转中被错误遗忘的很多东西。

亚马尔半岛北极圈的涅涅茨人。俄罗斯，西伯利亚，2011 年。

我自己的部落

我很幸运发现了摄影，其实这也只是碰巧了！有一回我父亲对我说："塞巴斯蒂昂，你现在是著名摄影师，住在巴黎。但你有没有想过，在你小的时候，高通胀致使许多家庭陷入了财务困境，如果那时我把这个农场卖掉，又会是什么情况呢？你现在也许会开着拖拉机在邻居的农场里干活儿，或者住在某个大城市的棚户区吧？"他是对的，我很幸运地经历了现在的一切，去过120多个国家。我觉得这对我来说可以算是无比幸运了。如若不然，一切都有可能会不同：我也许会去苏联完成我的学业，也许我根本不会成为一名摄影师，也许我会为世界银行工作；我也可能留在巴西，四处躲藏，或许已经被杀害，又或者在四处躲藏的过程中，莱利娅会和我分开——没有她，我的生活不会是现在这个样子。

莱利娅给了我稳定感。她为我的工作提供了巨大的帮助，我们之间的这种和谐难以言表。每次我为了报道而外出时，最开心的事就是登上最后一段征程的出租车，抵达启程回家的机场，然后能很快见到我的妻子和孩子们。莱利娅经常一大早到奥利（Orly）或者鲁瓦西（Roissy）接我。如果飞机的抵达时间不那么早，她还会带上茹利亚诺和罗德里戈。看到他们三个都在等我，我会非常感动……如果孩子们不方便来，她会找人帮忙照看孩子，自己来机场接我。莱利娅是我生命中最重要的伴侣，是我工作、生活中一切事宜（主意、项目、家庭、工作和我们的生态之旅）的最佳拍档。

我们第一次见面时，她 17 岁，我 20 岁，从那时起，我们一起经历了一切。有一天我们在路上走着走着，我突然意识到，当年我们决定跟那群“积极分子”离开巴西时，我们还是孩子。远在异乡的我们后来特别思念故土和远在家乡的亲人。莱利娅刚刚失去父母，但她在巴西还有兄弟姐妹。在后来的 11 年里，我也没有见过我的 7 个姐妹。当我们最终回到巴西时，我的父母年事已高，已不再是我们离开时强壮健康的样子。思乡之情让我们更加亲密，但我们的生活也并非总是风平浪静，我们也有过一些长期的争执，甚至曾一度濒临离婚。不知道有多少次我们近乎分居！但我们还是一起追忆了曾经历过的很多非凡经历，其中充满无限的乐趣，同时也伴有极大的恐惧。我们还一起做过很多重要的决定。我不知道我从何开始，她在何处结束，我的生活是我们俩的，是我们两个孩子茹利亚诺和罗德里戈的，还有我们的孙子弗拉维奥（Flavio）的。我们知道在一个国家生活却没有护照是什么感觉，我们有时有钱，有时身无分文，我们也为了孩子而一起打拼过。

我记得在茹利亚诺上高中时，由于他的巴西葡萄牙语姓氏，导致学校会自动给他归类去学习某种技术，而不考虑他自己喜欢什么。我们有必要替他据理力争，保证他不受歧视。我崇拜我的妻子，她很美，莱利娅是那种充满能量、充满乐趣的人，能够给家人带来无限力量。有时我看着她，似乎觉得她正在老去，但在我心里这是不可能的，因为在我看来，莱利娅永远是一个年轻的女孩。我们真正心心相印，我们的家庭可能面临千百次的崩溃，但她总是在那里，在那个最重要的时刻，健康地守候着这个家。

茹利亚诺年轻的时候总跟着我一起，为我那些报道项目而四处奔波，就像我在前文描述过的，在亚洲、非洲，甚至卢旺达的艰苦条件下，我们一起经历了不可思议的美好瞬间、发现、相遇和欢乐。可以说，他跟随我一起工作，这已成为我生活中非常重要的一部分。他知道我所有关于照片和旅程的偏好。他成为电影导演并不是偶然的，他和德国著名导演维姆·文德斯（Wim Wenders）一起导演了一部名为《地球之盐》（*Salt of the Earth*）的电影，这部电影讲述的是我的工作。茹利亚诺在巴黎有着他自己的生活，但我们也时常见面。他和他优秀的儿子弗拉维奥同我们和罗德里戈的联系也很亲密。

我们有一个患唐氏综合征的孩子，就像前面说过的，他为我们打开了另一个世界。记得那一天，我们带罗德里戈去参加一个中心的开放日活动。那是一种难以描述的感受，当我们看到我们的孩子和他的那些同样患有唐氏综合征的朋友们在一起时，我感到那些孩子也都成了我们的孩子。这与我在“正常”的世界里不同。在“正常”的世界里，我有一个“正常”的孩子，生活在“正常人”的世界；而我们的第二个孩子出生时，我们进入了一个不同的境界，在这里，生活、社会、现实，甚至走在街上的感觉都变了。在那之前，我从来没有注意过身患残疾的人，现在我在学着理解他们。

30 多年来，我们的生活——我、莱利娅和茹利亚诺的生活，都跟残疾人相关，我们在这个问题上虽然团结，但缺乏经验。罗德里戈出生的时候，我们以前的一些挚友开始与我们保持距离。有些人不能正常地看待这样的事，因而他们也表现得非常痛苦。这是可以理解、可以接受的，比如，让一个孕妇经常去一个有残疾孩子的家庭是很困难的。理解这样的处境是必要的，否则你自己就会很痛苦。我们也意识到，很多人在面对一个与众不同的孩子时，当这个孩子拥抱你，流着口水亲你时，你不知道该说什么，该做什么。但不是我们所有的朋友都这样，有些朋友反而因此与我们交往得更加密切。

我们从未把罗德里戈送到寄宿学校而不去管他。通常情况下，他白天会在一个中心度过，晚上回家与我们在一起。我们去哪里都带着他，他参加了我所有展览的开幕式。有人觉得这简直不可思议，但对我们来说很自然——他是我们的儿子，是我们的一部分，我们围绕着他建立起我们的生活。在他小的时候，我们总把他跟别的孩子比，用其他孩子的发展水平作为标尺，衡量他的进步、发展，结果却令我们感到绝望——我们对此没有做好准备。有一次，我们带他去科隆咨询一位专家，希望做一个手术来减轻他面部的唐氏综合征的症状。在抵达目的地之前，我们在一个休息区停下来，在那里可以看到科隆整座城市。我和莱利娅在那里聊着聊着突然意识到，我们正在让儿子准备做一个只是为了改变一点他面部样子的手术，这个手术会给他带来不小的痛苦，但是对于唐氏综合征的治愈不起任何作用。这个手术对他来说没有任何意义，而只是为了我们。想到这些，我们掉头回到了巴黎。很多时候，你只有亲身经历过才能真正有所体会。很长时间以来，我们不断反思和讨论罗德里戈的问题，直到有一天我们找到了解决方案，这个方案就是没有方案。他是我们的儿子，是我们的一部分，就是这样，我们要爱我们的儿子，爱他自己的样子。

老实说，尽管我们为罗德里戈的残疾而感到痛苦，但他也给我们带来了很多快乐。如我前面所说，他为我们开启了另一扇窗，让我们用不同的方式看世界，认识不同的人，他使我们的情感更富柔情。我们的儿子证实了人们曾说的：付出越多，收获越大。

我记得有一次在黎巴嫩南部的难民营期间（那里的形势非常紧张），我去跟负责难民营事务的巴勒斯坦当局代表谈话，当时我有联合国难民事务高级专员公署的身份，我跟他们解释了我工作的性质，但是每当我掏出相机准备拍照时，依然会有一支卡拉什尼科夫冲锋枪对着我。直到有一天，我拍一个路过的男人时，非但没有武装戒备我，令我意想不到的是，他竟跑过来亲吻我——他有唐氏综合征。我想，消除人类攻击性的方法可能就是对著名的 21 号染色体做基因调整——唐氏综合征患者多了一条 21 号染色体。身患唐氏综合征的人不具任何形式的攻击性，他们有时会生气，但都是冲他们自己，从来不会把生气或发泄的对象转移到别人身上。我在罗德里戈还有其他任何患唐氏综合征的人身上从来没有见过攻击性。

每年我们都为罗德里戈的生日举办两次派对，一次在巴西的夏季，一次在巴黎的秋季。我们会邀请与他身患同样疾病的朋友和他们的家人，还有我们的朋友。这是一个融合的机会，让所谓的正常人了解他们未知的残疾人的世界。他们发现那个不同的世界使他们得到更多的快乐，他们意识到与那个未知的世界相遇要比他们想象的容易得多。我们与罗德里戈有很多欢乐的时刻，他画画很好，喜欢一直画好几个小时。他有一种不可否认的艺术感觉，一种对颜色的真正的审美。他有个朋友钢琴弹得很好，身体上的残疾并没有限制他们发挥自己的天赋。这样一个儿子给我们带来很多，也让我们有些“与世隔绝”，因为我们去哪总要带上他。有很多活动都是不能带着他一起参加的，我们也不会把他单独留在家里。有些人说我们的“外事活动”太少了，莱利娅和我也很少去参加开幕式……但我们要跟罗德里戈在一起，这就是有个残疾孩子的生活。虽然开始的时候这对我们来说很难，但当我们经历了这些之后，我们意识到我们的生活就是这样，我们必须在这个基础上让它变得更好。

西比路岛的巫师用椰子树树叶编织筛网。印度尼西亚，苏门答腊省，2010 年。

结束语

在我完成《创世纪》这部作品时已将近 70 岁，我的精力几乎被耗尽。我经历了不同的气候变化，从最冷到最热，从最潮湿到最干燥，此外，我徒步走了很远很远。在城市，我们习惯于走在平坦的路面上；而在雨林，我们跟印第安人一起，穿越各种崎岖的小路，攀爬在众多林木之间。有时面对过于庞大的树干，我们必须坐在上面滑到我们想去的另一边，我经常会从树干上跌落，但是印第安人从来不会。记得行走在热带雨林中的第一天，我筋疲力尽，感觉自己调动了从儿时以来所有用过和从未用过的肌肉。总的来说，那一次是我心智得到享受，而身体受到惩罚的经历。8 年后，我的身体太累了，但内心却获得了重生。对于《迁徙》，我看到了人类最严酷、最暴力的一面，我不再相信救世。在完成《创世纪》之后，我改变了自己的想法。

首先，我遇到了这个星球。我已经踏遍了全世界，但是这次，我感觉我进入了它的内部。我去了世界各处，看到了世界的最高点和最低点，我发现了矿物、植物和动物，然后我又反回来看我们人类自身，我发现我们仍处在“黎明时刻”。这让我很宽慰，因为我发现人类在起源阶段是相当强大的，特别是在直觉方面——我们成为城市居民后已经丧失了直觉。直觉能让我们感知和预见很多事，比如温度的变化，或通过观察动物行为的变化感知气候现象。在现实中，我们几乎抛弃了自己原本所属于的那个星球，因为城市完全是另一个星球。

我看到了我们曾经拥有的一切，那些在我们被抛进城市的暴力之前所拥有的对于空间、天空和自然的权利，这些权利在城市的围墙之间消失。我们在大自然和自己之间建立了屏障，突然之间，我们不再能观看、倾听……不再会看到鸟儿飞过窗棂，并想象它是另一只鸟儿的亲密伴侣，它在树上筑起爱巢，巢中有它深爱的幼鸟，它希望风能带着自己在空中自由飞翔。我们不知道鸟儿的皮毛是为了保护它免受日晒雨淋……渐渐地，我们对这一切都充耳不闻。与像我们曾经那样生活的人在一起，使我重新发现了这些奇迹，这种经历让我富有。尽管我在《劳动者》一书中骄傲地记录了人类在生产制造上难以置信的创造力，但我还是看到，我们正在以自己的这种生活方式，尽自己所能摧毁着保证我们这个物种得以幸存的本源。

我不相信存在指挥自然和所有生命世界的造物主，我更多地相信演变，我是达尔文的信徒。我相信有些法则是存在的，有些事物是由辩证法、人类的经验和随着人类逐渐成熟创造出来的，但不是所有人类成熟的进程都会朝着积极的方向演变，我们还在寻找关于人类起源“第一瞬间”的解释，但科学已经给了我们所有的答案。《创世纪》让我感受到这个星球的年龄，在撒哈拉沙漠，我看到了1.6万年前镌刻的岩石；在委内瑞拉，我走过屹立了60亿年的山峦。这些都增加了我们生命的维度。而你也会意识到，这还仅仅是转瞬之间。

《创世纪》让我意识到，我们用城市化的方式与自然隔绝，这使我们成为复杂的动物；我们不仅成为星球的陌生人，自己也成为陌生的生命。但这不是一个未解的难题，其解决方法已经广泛传播，我希望对此能有所贡献。我想让人们知道，解决人类和所有物种给这个星球造成种种危害的方法并不是我们要退回从前，而是要回归自然，我和莱利娅在巴西重建森林就是在做这件事。只有生机勃勃的树林能吸收我们排出的二氧化碳，并将其转化为氧气。森林将人类排放的污染物吸收并最终成为为人类所用的木材，这真是太棒了！尤其是树木在种植后的前 20 年，可以最大限度地吸收二氧化碳。

莱利娅、我和我们地球研究所的朋友们已经种了 200 万棵树。经初步计算，迄今为止，我们已经成功消灭了 9.7 万吨二氧化碳。其实每个人都可以做些什么，但你首先要具有忧患意识。莱利娅和我都不是富有的人，我们曾是巴黎的难民，但我们会非常努力地工作。有时候“财富”很关照我们，它让我们有一定的经济能力，通过我们的努力和朋友们的帮助而骄傲地种下这些树。但是最重要的，是一种极为确定的力量的召唤：回归星球是让我们生活得更好的唯一方式，现代都市世界的规则限制着我们。这就是我们在《创世纪》这本书和全世界的系列展览中展示的真理。

我们涉足环境问题的方式非常奇怪，有时我在想，我们到底有一种怎样的运气？答案是：时代。如同过去，时代引领我们进入工业变革，然后是迁徙。对莱利娅和我来说，最重要的是过一种属于我们时代的生活，并全力参与。最终，回顾过去的历程，我们意识到，是生活成就了我们今天的自己。

我的照片不是激进主义的形式，摄影于我而言也不是一个职业，它是我的生活。我崇尚摄影，喜欢拍照；我手持相机，取景构图，与光影嬉戏。我喜欢与人相处，观察人们的生活——现在是观察动物、树木和岩石。我照片的内容就是这些，不能说决定我拍摄的动因是理智，我想它来自我的内心——是拍摄的愿望让我一次次踏上征程，去追寻新的影像。

印度尼西亚，西巴布亚，2010 年。

著作、荣誉和奖励

著　作

《萨赫勒，困境中的人们》（*Sahel，L' Homme en Détresse*），与无国界医生组织（Médecins Sans Frontières）合作完成，普利斯马出版社（Prisma Presse）和法国国家摄影中心（Centre National de la Photographie），1986 年。

《另一个美洲》（*Other Americas*），万神殿书局（Pantheon Books），美国，1986 年。

《铁路工人》（*Les Cheminots*），法国国营铁路公司产业中央委员会（Comité Central d' Entreprise de la SNCF）出品，1989 年。

《劳动者》（*Workers*），费顿出版社（Phaidon），英国，1993 年。

《土地》（*Terra*），与若泽·萨拉马戈（José Saramago）合作完成，费顿出版社，英国，1997 年。

《塞拉佩拉达》（*Serra Pelada*），纳坦出版社（Editions Nathan），法国，1999 年。

《迁徙》（*Migrations*），光圈基金会（Aperture），美国，2000 年。

《孩子》（*The Children*），光圈基金会，美国，2000 年。

《小儿麻痹的终结》（*The End of Polio*），布芬奇（Bulfinch）出版社，美国，2003 年。

《人与水》（*L' Homme et l' eau*），蓝色地球出版社（Editions Terre Bleue），法国，2005 年。

《非洲》（*Africa*），塔申（Taschen）出版社，德国，2010 年。

《创世纪》（*Genesis*），塔申出版社，德国，2013 年。

荣誉和奖励

1982 年

美国尤金·史密斯人道主义摄影奖

因继续完成拉丁美洲农民项目而获得法国文化部奖

1984 年

第一部摄影书《另一个美洲》获得法国巴黎市政厅奖及柯达奖

1985 年

荷兰世界新闻摄影比赛（荷赛）奖

人道主义故事荣获西德奥斯卡·巴纳克奖

1986 年

西班牙伊比利亚美洲摄影奖

美国国际摄影中心颁发的年度新闻摄影记者奖

《萨赫勒，困境中的人们》被法国阿尔勒国际摄影节评为年度最佳摄影书

美国 ASMP 奖

由“摄影月”(Mois de la Photographie)主办的“另一个美洲”展览获法国巴黎视听节（Paris audio Visuel）大奖及公众奖

1987 年

美国杂志摄影协会颁发年度最佳摄影师奖

美国缅因州摄影工作研习会颁发年度最佳摄影师奖

美国海外记者俱乐部颁发奥利维亚・雷伯特奖

德国发展政策记者奖

法国外交部颁发美第奇奖

1988 年

西德埃里希・所罗门奖

西班牙国王摄影奖

美国国际摄影中心颁发的年度最佳新闻摄影记者奖

美国艺术总监俱乐部金奖

1989 年

瑞典埃尔娜和维克多・哈苏终身成就奖

捷克斯洛伐克梅利特・约瑟夫・苏德克艺术家奖

1990 年

《不确定的优雅》（*An Uncertain Grace*）被美国缅因州摄影研习会评为最佳摄影书

法国佩皮尼昂国际新闻摄影记者节颁发佩皮尼昂国际新闻摄影金奖

1991 年

美国大众传播类共同财富奖

法国巴黎市政厅奖

美国艺术总监俱乐部金奖

1992 年

美国艺术与科学学院颁发外国名誉会员

德国奥斯卡・巴纳克奖

德国艺术总监俱乐部奖

1993 年

《劳动者》荣获法国阿尔勒国际摄影节年度最佳摄影书奖

法国终身成就金牌奖杯

《劳动者》荣获美国世界饥饿年哈利・查宾媒体摄影新闻奖

1994 年

《劳动者》荣获美国国际摄影中心出版奖

英国皇家摄影协会颁发百年纪念勋章和荣誉会员称号

美国 PMDA 摄影制造商和分销商协会颁发年度专业摄影师奖

法国文化和法语国家的国家大奖

美国报纸设计协会卓越奖银奖

1995 年

美国艺术总监俱乐部银奖

德国艺术总监俱乐部银奖

1996 年

美国海外记者俱乐部卓越奖

德国艺术总监俱乐部杰出成就奖

1997 年

巴西文化部国家艺术基金会（Funarte）颁发国家摄影奖

巴西土地斗争奖、土地改革杰出人物

1998 年

德国艺术总监俱乐部银奖

美国《生活》杂志颁发 1998 阿尔弗雷德·爱森斯塔特“生命传奇”奖

图书《土地》荣获巴西雅布蒂奖

西班牙阿斯图里亚王子奖艺术奖

1999 年

《我们生活的方式》（*The Way We Live*）荣获美国 1999 阿尔弗雷德·爱森斯塔特杂志摄影奖

联合国教科文组织奖，巴西文化类

2000 年

意大利皮奥·曼祖（Pio Manzu）国际研究中心颁发意大利共和国总统奖章

2001 年

葡萄牙埃武拉大学（University of Evora）荣誉学士

美国纽约州新校大学荣誉艺术博士

美国波士顿莱斯利大学艺术学院荣誉艺术博士

巴西大西洋森林生物圈保护区国家委员会（Conselho Nacional da Reserva da Biosfera da Mata Atlântica）2000 穆里奇奖

联合国儿童基金会友好大使

西班牙马德里行动援助非政府组织“行动援助”奖

2002 年

英国诺丁汉大学名誉博士

《小儿麻痹的终结》荣获美国 2002 艺术总监俱乐部 81 周年荣誉奖

2003 年

日本东京日本摄影协会国际奖

2004 年

巴西里约·布兰科司令勋章

2005 年

美国纽约国家艺术俱乐部摄影金奖

2007 年

德国米夏埃尔·霍尔巴赫基金会奖

2008 年

巴西里约热内卢全球影响力奖

2010 年

美国社会学协会报道社会问题卓越奖

美国北美自然摄影协会终身成就奖

西班牙马德里拯救儿童国际奖

卡塔尔多哈阿尔 - 塔尼摄影奖荣誉金奖